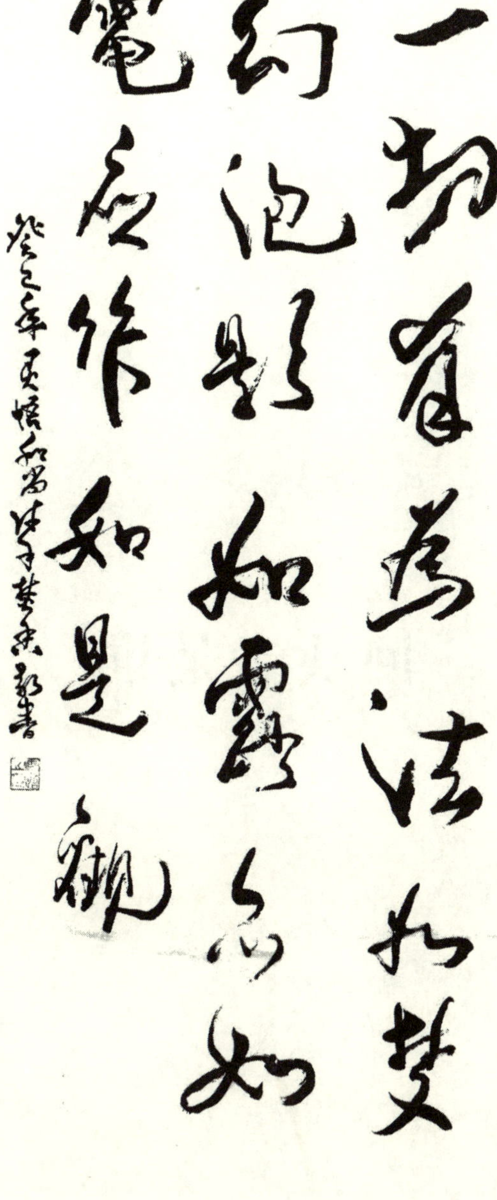

作者手迹

回头者是谁

向未　著

長江出版傳媒 | 长江文艺出版社

2014年春天在天津与著名诗人、《中国作家》杂志原主编杨匡满（中）；著名作家、《夹边沟纪事》作者杨显惠（右）在一起

2014年春天在天津与书法家潘若骏（右）在一起

回家与出家的心路

序

李小雨

诗歌是心灵的最高艺术，特别对于抒情短诗来说，与心灵有最直接的无间。

佛有心经，而对于禅宗来说至高无上的则是心，心即宇宙。

因此“诗心”和“禅心”的相会是迟早的事情，历史上也一再出现诗僧，诸如王梵志、寒山、拾得。

诗与道结合产生李白，诗与佛接合产生王维。诗与理学相遇则产生宋明钩章棘句的理学诗，枯燥无味。苏东坡与道潜和尚相游，历来是诗坛佳话。道潜的诗在宋朝无疑是独树一帜的，据说他的诗连皇宫的曹夫人看了都要给他的诗来个配画。

早些时候看到寒山寺慧伯等法师的诗，留下很深的印象。现在读到吉祥山上向未法师的诗，同样受益匪浅。

诗歌对于诗人来说是一座炼狱，诗人写诗的过程就是修炼功成的时刻。寺的本义该与庙有关，与祭祀有关，比如后世的太常寺。远古祭司与诗人不分，也就是说寺与诗不分。

吉祥山上有一座寺庙，这是向未法师的的吉祥山的山寺：

这6千亩森林是大地的家具/是大地留给我的家具/朝着炊烟的方向走，走着走着就到了我的故乡/朝着香火的方向走，走着走着就到了我的寮房/南山颂菊的歌喉反复咏哦之后/对面吉祥山的樱花就开在你春天的门户/一树一树的情缘空无一言/树下伊人路过的气息尚温/每日凌晨我伸手刚触摸到众生的伤痕/晨钟就响了（《我的吉祥山》）

谁能摸到众生的伤痕如晨钟之响？谁就应该是诗人了。

但同样这钟声也将消失，诗人告诉我们钟声不过是插曲，万物寂静，终归于虚空、了无。来看看他的《一首诗是怎样磨成的》末段：

末了，当你用新诗的意象清算我空山的足音/我还没来得及回光返照/青天的尖叫急转直下吞没春风的呼喊/我已赤裸裸地成为一首诗的标题/上不沾天，下不着地/前不见村，后不见店/四大皆空

这首短诗启示我们，汉语的诗歌是从传统一脉相传至今的，诗脉不容人为割裂，所谓新旧只不过是一种执著的形式迷障。所谓的新诗对唐诗等旧体诗的清算与革命，不过沦为一个空空的标题。中国新诗的根源插在欧美的经脉上，到头来不过是一种虚妄。就像花岗岩的蔓陀罗嫁接成了

华语的桃花。或许我的这个说法有点武断，新诗的发展既离不开古诗的传统，也离不开外国诗歌的启迪与影响。

从胡适发表于《新青年》1917年2卷的咏物诗《蝴蝶》开始，2017年，新诗即将迎来她的百年华诞，中国诗歌在这百年来，取得了巨大的进步，特别是自“朦胧诗”以降，无论写作手法，还是题材、角度、深度、广度……都有了独到的发现与挖掘。新诗百年史也是一部心灵史，是我们这个社会与生活的心电图，放在百年新诗大背景下，我们观察任何一首诗，都有现实的标本意义。

自从胡适的《蝴蝶》打开了新诗这个百宝箱，各种分行的诗歌闪亮登场，别的不说，譬如爱情诗吧，让人为之一亮的句子，比比皆是，从舒婷的《致橡树》“我必须是你近旁的一株木棉，作为树的形象和你站在一起”，到大卫《荡漾》一诗中“亲，我爱你腹部的十万亩玫瑰，也爱你舌尖上小剂量的毒”，你可以看到百年新诗，爱情的转折与嬗变已有了灵与肉的相连相伴。诗歌是带有体温的，爱情诗，尤甚。

1919年2月15日，《新青年》第六卷第二号以头条位置发表周作人的《小河》，这首诗是一种高度散文化的手法，在形式上得以成功挣脱“旧诗”的森严壁垒，而胡适更是将《小河》定位为“新诗中的第一首杰作”。同样的，中国新诗，已经从周作人的小河，拓展为一条澎湃的大河。这条大河走了许多曲折的路，譬如：这条河经历并命名了“朦胧诗”的激流，有怀疑，也有信仰，从北岛的“卑鄙是卑鄙者的通行证，高尚是高尚者的墓志铭”（《回答》），到顾城的“黑夜给了我黑白的眼睛，我却用它寻找光明”（《一代人》），百年新诗，因为加入了怀疑的力量，而更是让人觉得它的雄浑与清澈是相辅相成的。与其说这是理性的回归，不如说这是灵魂的复苏。

米沃什在其《反对不能理解的诗歌》文章中说：“……诗歌可以做许多事情，欢乐，悲哀，焦虑，娱乐，教育—— 它可以表达情绪的每一种可能的阴影，描述每一种可想象的事件，但是所有诗歌必须做的只有一件事；它必须尽其所能为存在和发生而赞美”。百年新诗，与这个时代从来没有脱节，它确实如米沃什所言：“尽其所能为存在和发生而赞美”。

对生活热烈的追问与怀疑，当然也是这种“赞美”的一部分，海子的“面朝大海，春暖花开”更是让诗歌与现实产生了巨大的光合作用。

说到诗歌与现实，我想多说几句，因为手头这本《回头者是谁》，是佛门弟子向未的作品，雷抒雁先生和韩作荣先生生前都曾给向未的前诗集作过序，他们大体上也把向未的诗归入禅诗之列。

百年新诗的发展，禅诗是不可忽略的一部

分，甚至可以说他们是中国诗歌的重要生态组成部分，我读完向未几乎准备同时出版的两部诗稿《回头者是谁》和《阳光引》（像我前面所引的诗就来自于向未的另一本诗集《阳光引》）——感觉到向未的诗是禅诗但又不是禅诗——为什么这么说呢？禅诗讲究玄妙，但向未的诗却又更多的是朴素，他的诗不玄，甚至是那种现实主义的写法，这恰恰是对禅诗的拓宽与补充，他的句子，结实而又充满想象力，有着扑面而来的亲切，对，扑面而来的亲切，这是百年新诗一直没丢的传统。

说向未的诗是禅诗，是因为我看到了他诗中处处散发的那种虔诚与干净，甚至是深刻的安然与浓厚的恬淡。向未的诗，流自内心，你看不到他有矫饰之处，仿佛一颗露珠，在莲叶上，独自透彻，独自晶莹，独自唤醒天空！

读向未的诗，让我看到百年新诗，在更广大的领域，取得了骄人的成绩。这是一种荣耀，也是一种更大的压力与动力。

阅读向未的整本诗集，我们可以通过作者在出世与入世、虚无与牵挂之间的悖论、冲突与和解，确认一个诗人的抒情形象。

“故乡的每一朵野花/都盛开着我的凄惶”——（《我是故乡最后的痛和伤》）

“故乡是叫人疼的/这时候我深藏一身忧与伤”——（《翻过西山垭口就翻过了故乡的伤口》）

“吃不到妈妈做的饭就再难觅一处人间烟火”——（《找到妈妈的炊烟就找到故乡》）

“妈妈，没有你的早上/晨钟阻隔着一粒种子的未来”——（《母亲节寄母书》）

诗人对故乡的思念，携带着对母亲和乡亲的深深思念，他眺望“百年以后”，“我的长辈，像种子一样/一一被种在山上”，但诗人不断重新“认识”中的故乡，也是深深戕害过自己的故乡：

“认识故乡是在批斗我的一次万人大会上
当我被公报私仇的人往死里捆绑吊打”……

诗人内心对故乡在那个疯狂年代里对自己的戕害，记忆犹新。但是，接下来，让人惊讶的是这样的句子：

风从我走过的路上回来，告诉我
故乡的心原来一直为我辽阔地空着
我带着辽阔的伤住进这辽阔的空
……

诗人以一颗几近出世的心灵，与故乡、命运取得了一次和解。

从第一辑《独在故乡为异客》，到接着的《桃花问鱼》、《今生的暗伤是来世的胎记》、《达摩剑》，到最后一辑《没有人能放下影子》，我们可以从每一辑的标题，感悟到作者依然难以放下这个“尘世”，这个感性而纷纭的世界。在佛门寺院、经幡黄卷之间感悟身世和出离，作者的心依然是一颗抒情诗人敏感的心。

“你把心尖移到花开/我把花开移到心尖/古时高僧大德/佛来斩佛，魔来斩魔/今日我与你再来人间/佛来哪敢斩？魔来早被吓死”（《悟》）这种谦卑的感悟，呈现了一种真实的精神状态，至少比某些凌空蹈虚的“悟道”式修辞高明许多。

“比悲伤还悲伤的不是死亡/而是死了之后再也找不到自己”（《比悲伤还悲伤的不是死亡》）——这个找不到的“自己”，是一个怎样的自己？作者没有夸口说，我已经无我、忘我，他念兹在兹的这个“自己”，这个独在故乡反为异客的“自己”，这个眷念故去的身世凄凉的家母的“自己”，这个饱受流亡之苦的“自己”，无论在佛门的青灯黄卷之下，还是在红尘的晨钟暮鼓之中，看来如难以撕裂的肌肤一样难以摆脱了。因此，尽管诗集中布满了“空”“心若无心”诸般悟道之词，但是，“水陷在水的浅滩/不能自拔”（《作别》），这是人世的、此世的、此在的“浅滩”，作者没有说水消融于水中，而是说水“陷”在水的浅滩。哦！一种欲出离而不能的悖论？一种欲超脱而不能，反而总被牵挂的驳诘？

总之，读向未的诗歌，给人最鲜明的感受，是于人世沧桑中感悟伤痛和记忆的一位抒情诗人的形象，和一位从苦吟中渐渐走向真如之境的诗僧形象：

你在一朵花开之蕊消失

花的根一直还在地下寻找

天之心在哪儿

你之心在哪儿

地之心在哪儿

是则烦恼即菩提

火焰燃烧一生

寂灭之前口吐的真言

有道何须黄金贵

——《寄清寂山人》

“诗为禅客添花锦，禅是诗家切玉刀”——这是金代著名诗人元好问的句子。读罢向未的诗集，我有理由相信，这个以一颗干净的心写出干净的文字的诗人，或许将以更为丰蕴的歌吟，为百年新诗，添砖加瓦，对此，我充满期待。

是为序。

作者系著名诗人，中国诗歌学会副会长兼秘书长，《诗刊》原执行主编

目 录

第一辑 独在故乡为异客

第二辑 桃花问鱼

第三辑　今生的暗伤是来生的胎记

第四辑　达摩剑

第五辑　没有人能放下影子

第一辑　独在故乡为异客

乡愁是一碗母亲舍不得吃下的剩饭

走得越远
乡愁的山丘就长得越高
走得越久
乡愁的疼痛就拉得越长
乡愁的源头，是母亲
生产时生命之血的慰藉
母亲的炊烟总是曲曲弯弯地生长
锅里的最后一碗剩饭
一定是母亲从牙缝里省下留给我的

多少年后，母亲盛满一碗我的乡愁
带进坟墓。我的伤已好
可乡愁已遍体鳞伤
那碗里一粒一粒饱满的乡和愁
一半是母亲在生时的操劳
一半是母亲死后为我的担忧

母亲死了，炊烟断了
乡愁的根还一味在地下疯长

冬天来了

向未

是妈妈从牙缝里省下的剩饭

养活了我

我长得越来越壮实

妈妈却越来越枯骨如柴

直到今天，我已年过不惑

梦里还是妈妈忍饥挨饿的身影

妈妈是在我这个年纪去世的

她苦苦地挣扎在又冷又饿又长的冬天

实在再也没有力气支撑到春暖花开了

她临死前的最后一瞪惊痛了季节

她临死前吐出的最后一口血染红了冬天

冬天来了

是妈妈从牙缝里省下的剩饭
养活了我
我长得越来越壮实
母亲却越来越枯瘦如柴
直到今天，我年过不惑
梦里还是妈妈忍饥挨饿的身影
妈妈是在我这个年纪去世的
她苦苦地挣扎在又冷又饿又长的冬天
实在再也没有力气支撑到春暖花开了
她临死前的最后一蹬惊痛了季节
她临死前吐出的最后一口血染红了冬天
冬天来了，冬天来了
滔滔不绝的乡愁
撞击着暗流汹涌的隐痛
我要回乡，我要回乡
即便我口袋里有买饭的钱
我也要向家乡父老讨一碗饭
供奉在母亲坟墓前

独在故乡为异客

白发浸染风霜
记忆雕刻故乡
我从这里的一滴血上站起
注定要朝思暮想

爷爷奶奶没了
外公外婆没了
爸爸妈妈没了
多年不曾回家
回家只有住在旅社
住在旅社吃着家乡菜
真想有亲戚家可去
可去的只有亲人的坟墓
坟墓在荒山野岭
彼此相距甚远

于是我只好来到老屋
老屋丧魂落魄地倒在叹息的暮色
恍惚间我看到一盏煤油灯亮起
一个乡村少年正趴在灯下苦读

不知何时妈妈站在我身后说——
“睡吧，别再浪费了煤油”

出门在外，常把异乡当故乡
回到故乡，梦里不知身是客

翻过西山垭口就翻过了故乡的伤口

灵魂搁浅色身的地方是故乡
是一生中最柔软的时候

故乡是叫人疼的
这时候我深藏一身忧与伤
这时候我掩饰一路疲惫与风霜
我拒绝故乡看到我的尴尬与阴暗
我竭力挤出的笑凸凹我全部的光亮
老家的屋早已倒塌
只有老屋场躺在衰草中昏睡
回到故乡，夕阳西下
我再无法赶在天黑前回家
我漫无目的地走。走啊走啊
走进一家人张灯结彩过年的幻境
我还闻到鞭炮炸过以后的硝烟味儿

我是故乡最后的痛与伤

故乡的每一棵小草
都生长着我卑微的倔强
故乡的每一朵野花
都盛开着我的凄惶
故乡的每一棵大树
都伸展着我的风霜
故乡对我的呵斥
哪怕是在万人大会上对我吊打捆绑
继而驱使我亡命天涯又切切
暗示我一定要活着回家，都是
因为爱之深责之严才罚之重
家乡的风拒绝流浪，自然也
拒绝随一位游子南来北往
她选择抛弃我，也完全是为了
某一日能盛装接纳我回乡的行囊
不管路有多远
出门在外的委屈有多长
不管恨有多深
回家的时候有多惆怅
皆难以报答生之源与土地对根的哺养

如果再有人在故乡吊我捆我打我污辱我
我也会在遍体鳞伤之后深情跪下
说句实话，我年纪大了，走不动了
勿需伸冤。就是故乡将我埋葬
那也是幸福时光

一个人的联欢

重阳节，我的心一直在夜的上空舞蹈
每一次心跳都令我的每一个汉字颤栗
我的笨拙朴厚的舞姿
是专门跳给星星看的
我微笑时收敛的忧伤
全被月光巧妙地收藏
关公的春秋
李白的酒诗
小李的飞刀
耗空了我黑暗中的眼睛
我飞身成月
星星的泪光在我的脚下
全部燃烧成黄金的火焰
而我的泪在火焰上
却被黄金吐出一朵红莲

闻笛所思

天空的倒影遮蔽了流水的胡思乱想
残阳的残红在流水之上漂荡
这雄奇的惊艳难免不使鱼儿心慌
鱼吐出的水泡泡支走了水边金秋的泛黄
我捂着胸口一声一声干咳的时候
今夜的鱼儿会不会在最凉的地方着凉

乡愁的根

我朝诵暮念的经文浸入乡愁的骨髓
乡愁也抑扬顿挫地浸入我早晚功课的骨髓
乡愁恰如一棵树。青枝绿叶强壮地伸向空中
而根还在地下漆黑艰辛屈辱地生活

乡愁的根就是母亲。埋葬母亲的泥土
一直都在捍卫我的乡愁
为了与母亲来世重逢
我一路广结善缘广种福田广积阴德
这注定我一生都是天涯沦落人

没有父亲的父亲节

母亲是故乡的炊烟
父亲是故乡的根
我的父亲节没有父亲
与母亲节没有母亲一样
父亲节这天，父亲的坟
像一座山矗立在我脆弱的上方

一个父亲的意义
就是用全部的爱让儿子长大成人
一个儿子的意义
就是用全部的爱亲手埋葬父亲

我亲手埋葬了我的父亲
坟，是土堆砌的
我的父亲节就是土的节日
那些直抵土地心底的诗文
总是拒绝我的注释
那些诗文的每一个汉字
总是闪电一样袭击我的孝心
为了父亲，我低着头口念佛号
一次又一次沉默着活下来

找到妈妈的炊烟就找到故乡

这片土地翻开自己
就是我的全部
我躺在这里翻开我的心
就是乡土的一个角落
而乡土的一个角落翻开自己
就是妈妈蹲在灶前生火放出的炊烟
这缕炊烟经我反复诵持，早已
成为流浪途中饥饿望眼欲穿的烧饼
此刻，我未老先衰的背影出现在村前
无论我的心如何加速跳动，埋葬母亲的西山
都无法飘起妈妈炊烟里的呼唤
吃不到妈妈做的饭就再难觅一处人间烟火

母亲节寄母书

我不是战士。不是
故作失败的战士。不是
以自己的低首来衬托倔强的战士
我只是一枚寻找足音的野果
一个寻找生命源头的凡夫
一个企图度过人间伤口的好人
妈妈，没有你的早上
晨钟阻隔着一粒种子的未来
没有你的黄昏
暮鼓气贯长虹地拒绝走进晚课的盛宴
没有你的潮起潮落
慈悲的海潮音堵在我心口
一瓣又一瓣散开思念

车过澧县

我从四川赈灾回来
车到澧县已是子夜
解放前的这里整个县城都是祖父的土地
他没想到死后连一块栖身的坟也没有
这时我仿佛听到澧水沿岸呼喊
“少东家回来了，少东家回来了”
我的眼泪一下子就涌了出来
泪珠滚落在地悲喜交集地寻找亲人

祖父虽没有占用澧县一寸土地
但这里有好些以他名字命名的地方
比如“南江路”“南江桥”
比如“南江公园”“南江学校”
澧阳平原有着一张典型的国字脸
澧水用一条长长的河流牵绊他一生
车过澧县，我忽然停车
面朝澧县的方向三鞠躬
我虽没有在这里出生
可我与这里的关系血浓于水

与弟书

俗话说，“长哥长嫂当爹娘”，
妈妈死的时候你嘴里还含着妈妈的乳头，
弟弟，你没有娘也没有嫂，
我没有尽到当“爹”的责任。

俗话说，“长兄如父”，
爸爸死了。埋葬了父亲等于埋葬了故乡。
弟弟，我们一起逃到别人的城市流浪，
你摸不到城市的门牌号码，
我没有尽到为“父”的责任。

弟弟，世间路千万条。你迷路了，
我竟找不到一条路送给你——
我不能代你受苦怎么去代众生受苦？
弟弟，你如果有一天想我了，
就去寺庙，就去问佛……

百年以后

我的长辈，像种子一样
一一被种在山上
坟上生长出的萋萋芳草
总是站在蓝色忧郁的上方
魂牵梦绕地不断摇晃
我中年的夜晚集体失眠
于是我常常低着头，在白天
寻找自己的影子
我想在找到影子以后
也找到我的过去
尔后再回到庄稼中间
从此一声不吭生长

夏夜属于蟋蟀与萤火虫的童年

我就藏在星光下
藏在星光下的草丛

藏在星光下的还有一只萤火虫
藏在草丛里的还有一只蟋蟀

这样的夜晚萤火虫与蟋蟀一般会失眠
失眠的还有夜、夜空、夜空里的繁星

蟋蟀策划用整个夏夜的时间与精力
举着生动的音律奔向萤火虫熠熠闪烁的光亮

那个时候我就站在萤火虫的光亮上
回光返照或者花开见佛

此身安住何处

受孕以后
此身安住在母亲的宫殿

出生以后
此身安住在乡音的呼喊

长大以后
此身安住在万水千山

两鬓斑白以后
此身安住在语言的寺院

作别人间以后
此身安住在亲人的思念

致这一方山水

我的姓名是一直误传又一直误解的符号
它从来就没有被这里的山疼爱
亦没有被这里的水珍爱
你一定心疼过我的某一句诗
却不知道我每天在早晚课中
是如何与自己尴尬相遇

受戒的那一晚，我一直都在拜佛
我用拜佛来抑制眼前虚伪的起伏
我用拜佛来安慰自己心头最软的心事
我用拜佛来体味深夜沉默的黑色
我用拜佛来给自己治疗最深的一道伤痕
再用后半生去跋涉这道伤痕去拜这道伤痕

站在故乡的西山垭口

狗二哥一声吆喝
带我粗犷地入秋
秋雨嘀嗒着
我的那些冤屈
断断
续续
破碎地响
我双手合十。我
禅定在我的指尖
用佛号一句句清洗
一直清洗到自己前世的白骨
一个男人的泪咽回去之后
血肯定比泪咸
我眉头虬结着枫叶一红再红的劫
我的愿，瘦成秋水清澈可见的底色

返乡时我只带自己

这一回我会从你谎言最美丽的左侧失踪
月光几丝芬芳的恋旧小心翼翼地搁在我枕旁
2013年的中秋月凝望着我的独木桥圆了自己
我的故事也没有必要再隐瞒我的故乡
清空自己，落难与落魄不再纠缠世事
我的笛声已先我之前抵达野草遍地的童年

回　家

一场秋雨，一点一滴地站在我身后敲打归程
这么多年了，这回我真的要回到故乡

认识故乡是在一次批斗我的万人大会上
当我被公报私仇的人往死里捆绑吊打
我分明看到家乡的人大都低下头去不忍看我
那一刻我全身的伤与痛是如此之香

风从我走过的路上回来，告诉我
故乡的心原来一直为我辽阔地空着
我带着辽阔的伤住进这辽阔的空
当初离家的悲喜紧紧嵌入回家的记忆
我漂泊的诗行轻轻将我抱起又轻轻将我放下

过故人庄

小雨动心扉
散落的眷恋总是很浅

我不是西楼的主人
西楼清歌
句句唤断旧人的幽怨

过故人庄
故人庄在，故人不在
苔痕的苦情荒废了期盼

我从繁华之前出发
又回到繁华之后
物是人非的冷漠
拒绝影子的冷落

我
不敢在有鸟叫声的田野
让怀旧的乡音与鸟鸣结伴

骑上月牙船，衣锦还乡

烟波江上，
一弯新月荡。

一条正回家的鱼吐一个水泡，
水泡弯腰成一只小船。

船载一湾浅浅的乡愁，
愁如月，月如水。

回家的心愿小心翼翼地朝前面的船爬去，
归宿的真理得到简单的注释。

今夜我在你的寂静里奔走，
精打细算的月色摇醒了一颗美人痣。

致我的前辈诗人

团泊洼的秋天
请把刀给我

有一个诗人
用一根草的呼吸
吞咽希望与绝望
有一群诗人
借信仰的高枝上吊
以求灵魂一睹真理的芳华

当大雁横过与秋水一色的长空
鸟鸣惊醒酒与泪
北方的青纱帐啊
席卷一地的痛与喊
奔袭甘蔗林的南方
南北苦难的诗人啊
竟以这样的形式相聚
用高贵的泪滴
触摸生命卑微的愿望

坐 佛

小时候外婆牵着我的手去拜佛
庙门旁的那对年轻的石狮子就坐在那里

外婆不在了，我陪妈妈去拜佛
庙门旁的那对年轻的石狮子还坐在那里

妈妈不在了，我一个人常去拜佛
庙门旁的那对年轻的石狮子还坐在那里

我没有等到庙门旁的那对石狮子老去
倒是我双鬓挂满风霜要先老了

打点行装去与一条鱼面谈

满载一船月光
去与一条鱼约会
这是我放生的一条鱼
昨天夜里它从梦中游到我的枕边
说有急事找我
要我在放生的地方等它

一个人的残山剩水

我的瀑布飞流直下三千尺
我沉郁的思想却腾空跃起万千丈
高贵无法否定通往地狱的直径
一如卑微阻碍不了对天堂的神往

那封吞吞吐吐写了一夜的信
如果没有寄出就请收藏在最深远的地方
它可能是黑暗里最后熄灭的火种
也可能是最冷酷的季节一点取暖的念想
它是在你怀疑光亮的时代不再泛滥的心慌
一生的繁荣与落花流水甚至不及一只小鸟的幸福
至少给小鸟提供栖息的枝桠真实而值得信赖
而我的枝桠就只剩下一句观音菩萨的圣号

轮回路上，家曾是多么华丽的残山
家之外，墓地早被是非无辜摈弃

白龙马传奇

连长常常望着远方的忧郁支走马蹄声碎的光阴
连长放纵心地上的杂草荒芜他心事过重的风霜

那一匹白马，腾空时分明就是一条白龙
它仰天嘶鸣的姿势切入连长铁青的马脸
它没有文字的语言正好避开俗世的纷争
它的奔跑帮助连长逃出内心置身于天外

连长的老婆穿着喜庆的红棉袄来探亲
她撮着荷包嘴嗔怪地诘问为何没接她
连长歉意地笑笑说我给马梳头，忘了

连长驻军在村外，每次骑马穿过村子
庄稼都会倾倒，村子也要软着矮下去
生产队的麻子队长眼见了眼红得发痒
他指着人与马的背脊用潦倒的词汇骂
——驴日的，神气个卵，不得好死的

麻子队长的话被村头的乌鸦翻译得玄机很重
一场瘟疫在华丽的灾难中次第绝情的脑溢血

连长的白龙马没能稀释英雄超于物外的神话
它把连长所有的悲伤永远关闭在它的双眼里
连长把它最后的憔悴与挣扎痛彻心肺地收藏
马的嘶鸣收藏于血脉、马蹄声碎收藏于骨髓
他们秘密把它很深很深地埋在一块风水宝地

第二天这支部队突然接到奔赴老山前线的命令
战士们先是剃光头接着饱餐一顿后开始写遗书
部队走了麻子队长机敏地很快找到埋马的地方
他带人挖出马剥了皮亲自操刀把马肉分给村民
麻子队长没有分到肉将仅剩的一点马肠拿回家
可能是多喝了点酒也可能是肠子有细菌不干净
麻子队长那双毒人的眼在睡着以后就没再睁开

麻子队长死后的第七个还魂夜连长也牺牲了
据说连长牺牲后他家里如数得到六百元抚恤金

我的老牛

我喂的那头老牛一直留在我的童年
一直在田间头顶热得要冒烟的烈日
弓身埋头，拉着沉默的犁铧
边走边用鼻子嗅着田间的密语
老牛的脚印密密麻麻地弃之田野
田野便纷纷长出我们赖以度日的庄稼

老牛的死一直让我羞愧
要过年了，年关的天气特别冷
生产队实在没有东西可吃了
麻子队长用一条红布去蒙老牛的眼睛
老牛忽然发现麻子队长插在背后的斧头
双腿扑地跪下，眼泪夺眶而出
路边的野花知道了什么，吓得不敢抬头
麻子队长大吼一声斧头劈向老牛脑门心
老牛也大吼一声嘴里喷出一口鲜血
老牛倒在地上双腿疼得乱蹬
把地上都蹬出了几个窟窿

老牛死了，每户人家分得几十斤牛肉
老牛年轻的时候用力气供养我们
老了，杀了，用尸体接济我们过年

寄清寂山人

你在一朵花开之蕊消失
花的根一直还在地下寻找
天之心在哪儿
你之心在哪儿
地之心在哪儿
是则烦恼即菩提
火焰燃烧一生
寂灭之前口吐的真言
有道何须黄金贵

年　轮

月扣窗棂问灯安
我就开始一圈一圈地归隐
我一次一次拥抱自己
又一次一次推开自己
今夜的落花不再有流水的依恋
它们如果就这样在来世失踪
那么我也不会在那里找到自己

疗伤的水

我的伤痕一直没有找到愈合的理由，
这么多年了，每一次花儿分娩，
我的伤都死里逃生痛不欲生。

三十里黄河九十九道弯。原来
黄河每一滴苦难的水都可治我的伤，
黄河不会说谎；每一滴水也不会造假。

不是说黄河是我们的母亲吗？
母亲的乳汁当然可以疗伤——
黄河水是母亲的乳汁也是祖国的乳汁
——那黄河的伤和祖国的伤又该由谁来医治呢？
祖国啊！我的黄皮肤的河与伤……

水瓶里的心事

我找到了风的出口
风的出口即我的心口

风来到我心口
我来到瓶口

水侧卧在瓶里
云侧卧在水里

瓶中青天青
瓶口桃花红

放生自己

插在香炉里的三支香
飘起我三生的浮云
我听到我的说话声
声音如蝉翼隔世的薄
薄得我无法捡起存放
偷听我说话的是放生池里的莲花
她与放生的动物使劲摇晃水里的人影

我要在这里种善因

我的呼吸
吐纳你起伏的顿悟
你的倒影
瘦了我逍遥的流水
我退至沉默的山门口
一瓣诚心推开一扇厚重的法门
我把自己关起来，用种下的善因
忏悔那一次对你失算的忏悔

烧　香

我不愿在一朵花遗失的香中消失
我情愿被禅师的一首小诗破解
我举过眉头的三炷香已了却生死
它们在我求佛的不二法门之外潜修
迷途知返的人在师父的一颗泪中四大皆空

幻　觉

野草命贱，好养
从英雄的墓前重新回到我的窗前
早上的每一颗露珠
都闪烁着启明星的灵光
我有些想提前变成畜牲
来吃这鲜嫩得暗藏忧伤的
露水草
吃饱了，横躺在草垛下，享受
阳光把我的反刍匀成翠绿
匀成翠绿的草香
一心朝着有水的方向
如果我是一只羊
我就撒娇地咩咩地叫
如果我是一头牛
我就哞儿哞儿使劲咀嚼前世
和农人对我牙痒痒的咒骂
——你这牛日的

2013年交秋

白云无力
西风软
秋来了
远山泛黄
水清凉

旧江山
又近中秋
一朵菊花心事重
父母坟头月光浓

袖底风，一诺千斤重
我在父母坟前又天高地阔地老一秋

荷

箫声过墙，潜入荷塘
有些手足无措
如果我是荷，又该是哪一朵

接天荷叶碧。叶下
遮掩了浊世之隐与污点
荷花出水的夜晚
我骑上白鹿从水的梦上踏花而过
花上留着我的幻影
幻影之后，是又一个百年

致离婚的表嫂

恨你时，千层山峰千层爱
爱你时，万顷波涛万顷恨
西窗疏影横斜，钗头断春秋
一寸柔情一寸愁
一寸愁含千颗泪，一泪一泪揪心痛
半生落满尘埃
苦等的脚印一一在前面的路上迷失
但是，天无绝人之路
月光下，一棵像人的树
正与脚印商量找到对方

希　望

不要歧视我的简单。不要
不要生硬地进入我的忧伤。不要
如果你不信佛
我只要你路过我庄严的寺庙前
带走一瓣心香和平安

不要用颤抖的手指碰我内心的软。不要
不要争论红尘与净土的近远。不要
如果你信佛
就请你合掌走进我不染尘埃的大殿
这一次我要代你受尽苦和灾难

不要。不要于浊世透露死亡的清香。不要
不要让灵魂的多疑因分割肉与血而伤害朝山的方向

致自己

惆怅芳草
与月天涯别
是非误解口莫辩
任凭鬓发白

山顶搁着月光与影子的声音

西山垭上的月
拦截下我的影子
一心一意地折叠
一心一意地伤害
我和我的影子说话
这么多年

后来月要走了
月留下自己的影子
我一心一意地折叠
折叠我一心一意地伤害
我的影子和石壁上的月说话
这么多年

耕云种月的人

我把自己放在凛冽的地方
耕云
种月
乌鸦此起彼伏的唤魂声
只会加重我对亲人的怀念
我的怀念继承云的衣钵
我的泪水是月的血脉
死亡的温度与湿度贮藏在红壤酸性土
这种世上唯一有灵性的有机肥料
饱蘸泥土的暗香孕育着来年。来年
我放弃的盛开极有可能再次花而不实

我还没有做好准备迎接幸福

偶尔发现一朵云站在秋水抒情
我的法号立马颠倒过来轻如佛号
修来的经文沿着我苍凉的经脉
电流一样又麻又痒又快地掠夺我
无辜的阳光将美丽的心情铺满轮回路
欢喜的空气膨胀得手足无措
开合有度的花香不分天南地北地奔袭我身体的河流
我幸福地恨着自己，自己连自己也不想要了

石头心

我从石头和尚手里接法回山
石头路滑
刚起步就摔痛自己的身影
我摸摸自己的肚子
好肚肠一条还在
只是温柔半两有些小伤
当明中有暗，勿以暗相遇
当暗中有明，勿以明相睹
一些自己用过和用过自己的面孔
悄悄在莲花开放时减去自己
莲花开放的每一个细节
都让我一边忏悔一边发愿一边倒退

吃　饭

每次端碗吃饭时就想：
只有人才能这样享受吃饭，
畜生当然没有端碗吃饭的福报。

每次吃完饭放下碗就想；
人身难得今已得，
扪心自问变人又有什么好?

祈　愿

我用潦倒的踉跄发愿
我的色身是我的宇宙
我的血是上善若水的河流
器官为远去的丘陵舒展平原

我的心有上下两部分
上部分是高渺张扬的天空
下部分是匍匐沉默的大地
我在自己的天空电闪雷鸣阴晴圆缺
我把大地的众生一个一个供奉成佛

这时我打开我所有的门窗
拒绝了最后一次平步青云
我带着瘟疫带着天灾带着迟到的诅咒
试探着走向地狱深渊
在这里我将替换地藏王菩萨
代众生受尽最后的苦痛与折磨
我要看到众生一个个皆成佛以后
我才会耗空自己

因为光明

我举着脆弱又刚强的火把
误入黑暗的深渊
四周黑洞洞的
子夜冰冷得一直缄默
我带着我
带着一生一世颠倒的想法
四处碰见的是黑
暗中箭不再令黑暗蒙羞
酒色功名不再明码标价
再好的嗓子沾满灰尘也会失音
再好的河山失去方向也会变色
世道人心改变了黑暗
黑暗也改变了世道人心
黑暗的大美就在于黑得光明正大与深厚

人在旅途

月影入秋
窗台凉
一些思想
半夜残废
惆怅长
睁眼方知难返乡
难返乡
十方来十方去
不知此身在上方还是下方

中秋帖

月是中秋的旅程
中秋是月的故乡

今年中秋想起去年中秋
思念站在高处只剩思念
曲到穷尽，恨也多情

秋来了，又一秋

鱼跃淡秋
残荷亡
万里云波无法决定一朵云的缘聚缘散
千里江山承载不起一片落叶腐烂的心伤
大自然的页码
无法用生命去注音
我觉得自己与历史很轻很轻
轻得没有来去
上不沾天，下不沾地
秋来了，又一秋
你长一岁，我老一秋

穿着妈妈做的棉裤

穿着妈妈做的棉裤
儿子一双伤寒的腿总能一点一点焐热

穿着妈妈做的棉裤
妈妈的千针万线缝着儿的万水千山

穿着妈妈做的棉裤
妈妈的一滴眼泪翻越了儿一世的登攀

穿着妈妈做的棉裤
黑夜不会很黑冬天不会漫长渔火不惧对愁眠

秋到村头

秋雨断断续续地数落
落满村头的落叶
村头落叶的暗斑
遍布我深邃辽阔的沉默
这是我的村庄啊
更是我的秋我的凉
我身体里储存四十年的秋风
终于开始从四面八方回来
我长眠地下的亲人
守护着我出发时的脚印
无声
无息
比我长年累月诵持的大悲咒
还轻
还静

村庄的痛

含苞的村庄每晚都蹲在季节前
静候月魂从东山顶上回来
村庄的根延续到我的荒山野岭
独自吸收或者输送村庄的冷暖
一叶落，秋有声，根断魂
尘土飞扬。爱失去恨的能力
即便人在天涯
憔悴风也会吹散眉上的月弯
引磬声碎落无数命运的玄机
心在寺庙了
身体还在村庄衰老
人过四十
村庄的痛全是思乡的痛
每一次痛都痛彻心扉

望　乡

离家
三千里
客居
云水堂
修道莫还乡
还乡道不香
寒色锁山岭
月藏千万江
水中月
人间数我最凉

望 春

白云生山尖
岩缝渗露冷泉魂
杜鹃声里花正开
门掩春风
难

一个诗人的心里话

诗行就是我的羽毛
做一个诗人就是知道自己有痛
并且知道痛的位置
当旧伤复发
我可以伸展羽毛轻轻抚慰自己
在别人不愿意承认自己是诗人的今天
我很愿意做一名诗人
做一名诗人的动机很单纯
无非就是死了以后
能用一句自己的诗掩埋自己
如果连这一句也找不到
那就借一句“床前明月光”吧
说心里话，我还很喜欢另外一句
——“游子身上衣”

隔世的花

趁假装侧身的一刹那
我把你偷偷摘花看我的眼神摘下
种在一个风吹草长的地方
这里前有朱雀后有玄武左有青龙右有白虎
等落日肃穆地退出群山眼睑之后
我又在大悲殿讨来三杯供佛的净水
虔诚而迷信地当作定根水倒在此
梧桐叶上，点点黄昏销魂似去年
且选这里作我百年之后的墓地吧
我一生不愿麻烦别人。因此
也就勿需墓碑勿需墓志铭
如果有人像抓一粒尘土一样
抓起我的一粒骨灰渣种在此
我肯定在此开出一朵含笑九泉的花

借问乡关何处是

今夜，月随流云歇悬崖
云与天空的对白正是我与月之间的空白
悬崖上的足音试探着地狱的屋檐
其实这里没有朝圣者向往天堂的捷径
夜夜乡魂，没有人能逃出归宿之感
每一个人斗到最后都是在和自己斗
每一个人的身体都是自己最后的故乡
人死了，没有人能带走自己的身体
就像从来没有人能带走故乡

与君别

喝完这杯剩茶就走
灯已暗
我一脸灰尘，一身臭汗
不觉醉卧清影。醉卧清影
醉卧人间酸涩
销魂旧事
万点飞红送君

2013年中秋前夜

秋风翻旧事
寸步却成千里
月高愁云低
梦魂
夜夜潦倒

折叠的书页

那本书折叠的那一页
接受了我的枯黄

二十年后再打开
荒冢花开，人在江南心在塞北
残红的折痕注定一生只剩咏哦

一生很短，却让一道折痕勒索我一生
我的名字忍辱负重，早失去资格落红

我还要等待什么

雁归
无佳音
春光
寸肠断
佳音已远离心伤
我加持的山水
如何再次苍翠

异乡的月在故乡的河

月寂清地置阳为阴
舒袖的柔光
绵密，细腻，悠长
这很像我的河流
诲人不倦地滋润着我的故乡
滋润着我的叛逆与投降
来时你慷慨地丢失了我
这一回我要消失在你的华光
以此掩饰河面上那些
波光粼粼

根就是故乡

人生出口与尽头
交接的地方是根
根就是故乡

从出生的地方出发
绕一大圈子再回到这里
回到这里就没有路了
你的根在这里
谁也不能带着根走

秋风暗示落叶
落叶暗示根
我的苦盘根错节抓着泥土
根不堪重负
根是枝干的魂
魂放任枝干
两手空空
铁一样刺向灰色的空

返乡心怯

剑指西风烈，莫道少年志向
沿着自己切入的内心倒退
沿途收留所有异乡的月光返乡。可惜
只有爷爷奶奶的坟等我
只有外公外婆的坟等我
只有爸爸妈妈的坟等我

这些坟一定是有先觉的
冰冷的墓孔一定感觉到我脚步踉跄
这里也没有我的亲人
自然也就没有人请我吃碗家常饭
失去亲人的故乡比空还空
我只好遣返所有收留的月光
我的成功不再有人祝福
我的失败不再有人慰藉
不回故乡不知自己丢失自己
我竟然在故乡成为一个多余的人
这个多余的人用经年的修行荒芜自己
荒芜无嗔无喜无增无减

访吉祥洞

悬笔勾晓月
鹤立良辰
亲近吉祥洞
青色青光黄色黄光
白色白光红色红光
绿色绿光紫色紫光
一刻洞中闲
省略洞外十年名闻利养
七宝池蓄满八功德水
我是红尘寄存在水底的一尾鱼
生在黑暗的世界我的心就是我的眼睛
扒开水的炎凉
我闻到水的呼吸
它具有孤独一样的颜色
并用人间的烟火味抛弃我的红尘
我退至阴河的血脉
所有的记忆在你的江山哗哗流失
禅音操起流水的琴
为前朝落魄的公子注释人生
我趁机抱紧自己
生怕再次丢失

探监记

别人收获秋天的果实
我收获果实的核
核是果实的苦是秋天的疼
你的苦笑一如苍山如海
即便走在低处也有一种高度
残阳如血。斜着插入内心的红
不忍卒读鸟儿长途迁徙的足音
东篱上的丝瓜藤爬上墙头的铁丝网
小小的丝瓜花开出小小的心思
山长水远，母亲，明年清明
或许能赶回家上坟

探万佛洞

万佛洞前
万山云
几声鸟鸣
道闲情
山色不问人间事
溪声婉转
说缘因

有时候，真难

有些突袭的绝望肯定会蓄积成悲伤
悲与伤挤出的悲与伤只能往心底倒着流淌
再用平生的委屈盛装在一壶月光
每一滴吞下的泪都是撒在伤口上的一粒盐
浸透月光的盐吞噬了沉默的月光
我是世上的一粒盐
盐若失去了味，怎叫它再咸
没有游子愿意倒在自己的血泊被抬回故乡

日落西山

夕阳从远处落向远处
一抹晚霞把自己抹成血红
回光返照的鲜艳悉数落入尘埃
暮色沿着黄昏的纹路蔓延
这时候我的惊鸿一瞥滑坡
华清池里的水与水里的空
凄怆艳丽的变凉
打马路过的上师手摇经筒
嘴里无意流露出的一段密语
有的被当成情歌传唱
有的被当成法门参悟
还有的被当成往生资粮

因为诗

因为诗，我认识了大卫
大卫说，被思念辜负的高僧
是故意输给万丈红尘的
大卫说我的词带着天鹅的体温
很痛地省去了人间悲喜
大卫的喊迫我在空中迸射出闪电
并命令黄金在天空舞蹈

因为诗，我认识了雷抒雁
雷公说，花前红尘花后禅
花前红尘重花后禅语轻
雷公说诗家至情至纯心已入禅
僧家参禅悟道心亦入诗
雷公的叹息让我谢尽繁华
一任清明的诗孤傲成意象与禅意的三秋树

因为诗，我认识了匡国泰
国泰说，有一个人只能在两个地方遇见他
——日出的地方与月落的地方
国泰说我一直都在屏蔽自己

自己忘记了自己有多么的好
我的诗是对每一个早上的问候
国泰的眼神总是遥远苍茫
有时比我体内的万水千山还凝重

因为诗，我认识了韩作荣
韩老说，背对红尘，梦幻空花
坐在一颗泪上成佛哀莫大于心死
韩老说我的诗与自然与神灵栖居
那隐匿半空的钟声回荡暮鼓的咒语
孕育了笑、泪、呼喊与呻吟的黑夜
韩老的慈悲让阳光饱含泪水
一念之间就能穿越记忆从永久到永远

秋无思无想

不惑之年
总爱独立寒秋
藏匿欲言又止的细节
总爱挤出微笑
祭奠落叶归根
总爱借过往的微风
触摸内心的酸涩
总想站在红枫之巅登高望远
赶在霜叶红于二月花之前怀旧
秋高气爽，西出阳关无故人
我开始误解自己迷信自己
野菊花推迟绽放
阻碍我最后一次热血奔涌

水中月

月的灵魂生活在水里
每一回月儿羞怯地移步回家
水都会屏住呼吸
生怕惊动鱼儿轻如幻影的梦

水的赤诚毫无保留地接纳月
月用来自天上的空灵装点水
只是岸边的人与月隔着水
只是月与岸边的人隔着水

我沿着岸边一路倒退
月在水里也一直很担心地跟着我
我就这样错过成佛
试探着向死亡走去

第二辑　桃花问鱼

我与你的命运一样，空空如也

春风吹恨雨
莺啼断肠人

赶路的白鹭驭不走我的静寂
我燃起柴火
煎熬法门外的良药
痛定思痛。良药苦口
人到恨时方吃药
药能治病却不能治命
这个时候出世令入世的心愿倾倒
佛法的祥云在一朵莲花上出入
人与畜生甚至一棵草的痛苦
都会让莲感同身受日夜不安

在俗世的喧嚣之峰占领自己

湖水浮起最后一轮香月
我的灵魂
与月魂合二为一
我手执自编的竹篮
打捞2013年的春心
我打捞起月影
却遗失自己
我打捞起李白的诗
却打捞不起李白
我打捞起鱼的心事
却不曾见到一条小鱼

众说纷纭的俗世一览无遗
刀口上的口往往自己最先背叛自己

空山新雨后

山尖人是景
花鸟成主人

石径暗香散
聚也难，离也难
不及莺莺燕燕

一句佛号
让心徘徊在双手合十的指尖
那些忘记你的日子就是落难

向别人示弱就是练习让自己强大

四伏的危机埋伏在前程的纹脉
被天空遗弃的白云慢下来

月亮回到水里
月亮就回到家
千江有水千江月
千江月有千江家

月亮把自己的天空给星星
又把灵魂藏入水底给自己
就像我把身体留在人间哭泣
又让前生一次次温习重返家园

月光一边往前走我一边往后老
鸟儿呼唤着我无数失去的背影
啼鸣声落满我半生

青年节感怀

你说要把“五四”这个节日送给我
那么我就是“二·七”
“二”是青春的不二法门
“七”是救人一命胜造七级浮屠
至于中间的一点那是间隔号
告诉我们懂得忍辱负重时学会作别西天的云彩
没有人会嘲讽青春的无知幼稚或者一次次的迷失
就像没有人会嘲笑我们在春天编织的花环
花环是青春的王冠，它只有素朴与庄严

这么多年了，我终于朝前迈了一步

芦花荡里隐藏经年的湿润
低低浮起你的误伤
嘴角那一丝悬挂的笑
露骨地，把一滴泪的承诺
残存在眉心。南无阿弥陀佛
一条河的心事转弯抹角地来到我面前
你眉宇间的水声早已宽恕失约的鱼
我心底汪着的你依然清冽，且透着微凉

这回，我要把我还给一个人

如果死亡是黑
我愿此身是黑
像夜一样直立行走

如果涅槃是红
我愿此身是红
像火一样倒立燃烧

如果活着是烦恼
我愿此身是一棵菩提树。任凭
电闪撕碎你的苦注入我的意志

很真地行走

我要在黑夜最黑的时候
做一次一生中最光明的交易
让裸露的真诚浮在虚妄之上
让那些喊你的冲动抖落真心
埋伏的星星为你眨眼
至于我那句不带修饰的真话
低眉间已清除美人痣上的残香

这样也好

我把我丢在水里
随一条鱼游向远方
我把我扔向天空
随飞鸟奔向理想

我把我合掌于心
夜里独立成霜
我把我种在土里
灵魂生长成往生资粮

来生，你叫我不要变人了
你要我静静躲在草丛望你
你已不再需要我的梵歌与诗行
你只要我呼啸而来做你锐不可当的狮王

向　往

万顷云海万里远
我从未与哪朵云身下的影子缠绵
我知道，不会有哪朵云愿意为我停留
不过我缥缈的心一直都追随缥缈的云
万里无疆

约　会

月光
丰盈地浸润……我
一屋零碎梦
丰满了三姑姑的山歌。

现实是虚的梦，
梦是虚的现实。

梦，没有衣裳，
月光才是她的衣裳；
你要想做自己想做的梦，
就请披上今夜的月光，
让一忍再忍的现实，
去约会刻骨铭心的伤：
现实荒凉的时候，
梦里正温暖如春；
梦里被追至绝境的时候，
现实正云淡风轻。

谁能想到大好光阴的背后

江山的微笑隐匿在美人的酒窝
美人的刀锋藏匿在季节的枝蔓

木鱼声行云流水地路过心经的法门
忽然发现拥有一切与一无所有一样
一样无法衔接死之出口与生之入口
优雅的影子与万丈红尘轰鸣共进退
风花雪月一旦失去众生的怀抱
日月星辰的理想就只能在黑暗中松动
世界有了我们多么好啊
有爱有恨有快乐有痛楚

我们带不走一草一木的贪婪
后人要的不多。只要我们不留旧债
一颗露珠就足以珍藏一个世界
一朵花儿就足以提供如来的法场

最深处

不是桃花要改变桃花溪
而是桃花溪要改变桃花

我知道，你无法再让桃花禅定溪口
你的偈语就此潜伏成桃花暖心的暗红
山月把你素朴的静隐埋在水草之下
情不自禁的桃花与桃花溪无欲则刚
月光的宠爱蛊惑落花流水
鱼儿以水为镜，顾影自怜

沿路的点点滴滴等不到来世的追忆
桃花、桃花溪、鱼，还有我
还有纤细而欲说还休的隐忍
也许我们谁也放心不下谁
但我们依然相信桃花落水后颠倒的生活

桃花问鱼

早上的桃花溪醒得很早
比桃花醒得还早

桃花轻而易举省却一溪残骸
溪水隐瞒的过往经不起桃花噘嘴一问
一条鱼转身时飞身一跃
桃花溪与桃花跌倒在我的晨钟
我撞响的空洞缥缈地拉长世事
封住了所有鱼儿的问询
如果没有桃花只有溪
或者没有溪只有桃花
这都不是我要的轮回

在我的晨钟结束之前
我不允许桃花溪早退
更不允许桃花故意迟到

水因桃花的流浪而风姿绰约

今晚的桃花溪心事较沉
先是浸润我的月色
再是抑扬顿挫地打开自己
抑扬顿挫地偷袭落在水上的桃花
桃花的思想惨遭水的蹂躏
背后又享受水的抚摸与柔情
看来天堂与地狱可以同时成为归宿
我真想放弃人间沦落成一朵桃花
不问去向地随波逐流桃花溪

因缘不成熟

白鹭偷渡桃花溪
莫道桃花渡无情
我看到最高的阳光挟裹流云
脆弱的日子纷纷扑向水的午睡
桃花倾城一叹
桃花溪就要干了
今生我既负了桃花又负了桃花溪
桃花溪没有了桃花的若有所思与低眉
我痛定思痛的水和鱼
再也不会模拟自己
一忍
再忍

这样也好

桃花是我从一而终的爱人
那些鱼儿是我们的儿女咧

我的全部清澈已寄予桃花溪
桃花死了，我苦命的爱人
我只能用桃花溪的水埋葬
我死了，我的骨灰撒向桃花溪
鱼儿肯定会把我们合葬
那时，睁眼或闭眼皆失去意义
有意义的是鱼儿不会更改我们的堤岸
我的花事会一直在你的水路下沉

甘做一日桃源人

我的月光注视桃花溪两岸
水的误解只会越来越深
桃花溪其实已没有桃花

自陶渊明之后天下就没有桃花了

落英缤纷的桃魂悉数归隐
我的桃园已年久失修
究竟是桃花辜负了水
还是水辜负鱼或者鱼辜负渔夫
不，是鸡犬相闻指桑骂槐提前羞煞桃花

远远地你要看我头戴花环

多么好啊，这么些年
我一直用你的泪与笑编织春天的花环

风雨交加孕育电闪雷鸣的刹那
我截取天空中那一段一闪而过的亮光
闪电灼伤我广袤的喊与你晶莹的泪
又以死的灼痛悲悯被命运耽误的落花

你的泪与笑
迫使丧魂推迟落魄
我的喊山高水长
你的泪肥沃了我心底
刚刚耕耘的薄田

又是一个二十年

时光从我们相逢的地方青涩成林
目光又从青涩回到晚霞满天
你嘴角每一次习惯性的翕动
无不加重我隐藏多年的旧伤

你假装的一瞥碰痛我的低处
起起伏伏的问询走进我的甬道
无论我怎样地努力也无力
阻碍黑暗之后的慢慢天亮

面向苦海的岸

你的喊是岸
回头，我就是你的岸
你的喊也是海
往前走，我又苦海无边
不过我还得往前走
惟有苦海一寸一寸淹没我
我死时浪花才会一朵一朵回来

栀子花

栀子花含而不露的洁白
一分心就心慌
她体谅夏天渗露的炎热
不着痕迹
晚风拂眉的动作
逃出我的承诺
宽恕了我山边的河流

沉默失足流水
我一合十又退回沉默

回忆开始以后

我不能拆除世界
我只有拆除自己

某些高贵的食客吃鱼
肉吃完了，骨骼与刺
能完整地拼凑成一条鱼的化石
我没有食客这么高级的讲究
我把自己拆得七零八落
拆到自己最痛，竟然发现
失散多年的你原封未动地躲在我身后
当我累倒所有的污点就要把自己拆完
你轻而易举地闯进我有些老眼昏花的双眼
依然坐在那里一心不乱地为我念佛

失　忆

到了冬天，月光开始休养生息
我礼请雪花贴满你的窗
雪花也是花。雪是无根花
它在空中绽放勿需分行
它从空中飞向你勿需标点
它一丝不挂的
与奔跑的法音奏响空山
有月的夜，我的雪地
身体是夜独一无二的空洞
我的三魂是雪呈六角形绽放的白
我的七魄是月触地的流光
我的那一声叹息
清凉地辜负我的荒野
斯时斯情斯景你躲在前生的子宫
用今生为人的苦孕育来世春暖花开

有些亏欠没有对错

我那夜半也不回的木鱼声
敲碎了这个春天的最后一站
我致青春的悼词已腐烂如泥
泥里的少年情怀长成野草
野草里的花儿全是野花
那漫山遍野生长茸毛的气息
目空一切地陷落在我背后
你腮边那颗与世无争的泪
就是我啊。泪挣扎了一下
亲吻着自己悄然滑落你的希望

多少年后

回忆取代伤与口之间的缝隙
当时的痛痛着痛着痛到现在
就不痛了。成了失眠的借口
有些凋谢的花朵，历尽劫难
居然在来年还会原路返回枝头
有些脚印，走到忘记自己的远了
竟然还会折回某个似曾相识的角落
那座独木桥，我一站到你原先站过的地方
依然还风满衣袖，手握一溪零碎梦

相　识

我与你的相识是水中月与水的相识
我与你的相识是钟声深处与鼓点浅处的相识

我与你的相识是春去花还在与人来鸟不惊的相识
我与你的相识是我与自己的误识

水中月

我一直暗藏在你的掌纹
如何起，如何止，如何走向
我一直在揣摩你的掌纹
如何起，如何止，如何走向
皓月千里，长空万丈
我的万水千山换不来你的寸土
倾海之心载不动你腮边那颗泪的清凉
我广结善缘广种福田的无量功德
不要荣华富贵的福报陪你从地狱走到人道
一半孤寂，一半痛伤。一次湿润的拒绝
我已等不到你回头清高地一望
不悔的风已经吹冷我的心口
无情的霜一叹我一夜落尽黄叶
这一世，我要老了，无依无靠，关节也酸痛难耐
执子之手，与子偕老。从未牵你的手
却悄悄在你身后耗尽春秋

梅花的凄婉折射雪花的冷艳

梅花一瓣一瓣顿挫
我一片一片消融
冬天，只有冬天
我的霜花才能开在你失忆的朝代
我接受一种比寒冷还冷的拒绝
我情愿春天在我的伤口发芽
我情愿万物生长时你的根独自蓬勃
或者一错再错地向上输送水分和养分
直至虚荣地放下你的身世

金秋时节

金秋时节
好些人已不在
我向你报平安

金秋时节
思念遍布我的经络
野菊花插入我的思念

金秋时节
我已习惯举头望天
我还在等待，最后一只大雁

擦肩而过也是一种空

秋天没有分寸的阳光
不顾一切地触摸2013年的回光返照
我手执布施来的如意
呵护的秘密一声不吱
天亮前立秋的风告诉我
你的秘密竟是一直背着我
数着天上星星的心跳
数着数着，便把我数丢了
我被红尘隐瞒，为空一空再空

寺　庙

寺庙是出家回家的地方
我在这里摈弃自己又找到自己
大殿前的经幡心一动风也动
布满老茧的法鼓黏贴我陈旧的般若
我倒背佛号向着钟声的方向返回
三支香连接没有福报的三生
合掌跪下面佛三拜。我
膝下的善根从彼岸接引此岸
眉心的黯然一旦落入尘埃
红尘的冷暖就在拈花指上结下法缘
莲花从左往右轮回传奇
观音菩萨故意捂嘴一咳
点化我在此禅坐等你路过人间

又逢野菊开

这一回，蜜蜂在翻译你的花香时
泄密你身体的琴弦

我拈指正欲弹去
你的琴弦齐断

我把断的琴弦与未弹的音符粘合
一一种在菩萨蔚蓝色的地水火风的空中

邂　逅

我蓦地喊出你的名字
竟彻头彻尾忘掉自己
我们在一座香炉前相遇
你竭力捂住胸口
也竭力捂住自己
香炉里一炷独立的清香
一丝不苟地飘着空门的圣号
几十年的酸甜苦辣要在一念间肢解
还用一句“阿弥陀佛”回答对方

月溶于水

绵密又短促的荒凉
潜入你的月色沉入水底
水的怀抱如此孤寂安详
一滴一滴地浮起我一个一个泡影
每一个水泡里都禅坐着你的倒影
何处高枝雁一声。惊起望
红尘白浪两茫茫
我无法推脱你艳丽的出发
只好在某个子夜
半是月色半是水地破灭

大约在冬季

只要有你的消息
哪怕我的枝桠沦落至一贫如洗
也要朝你静默地伸出双手
我不要你理解正如我不要你误解
一个男人的贞操比黄金还宝贵
只要有你的消息，只要有你的消息
哪怕消息来自无法更改的撇嘴之间
我也要用一生的力气为你谢尽繁华

雨问花

别问花香的出处
别问花凋谢的去向
我贴着你的气息
从花的呼吸进出
依旧当年路
宁愿千山万水
瘦

方　向

每个人都有深不见底的迷惘
每个人都有燃烧的心慌

并不是每个人都生如夏花灿烂
并不是每个人都死如秋叶静美

长河深锁古今
波光粼粼，水面万点愁
背离的爱与恨，隐忍的苦与泪
都随我们尸骨在同一个方向腐烂
我们的灵魂哺育了每一朵鲜花
芬芳的枝头，谁又会在乎谁是谁呢
只是，来的路上，残留的全是我的孤单

如影随形

身体是灵魂的因
灵魂是身体的果

我在阳光下受伤的影子
再回到阳光又完好如初
我折断的你的背影
在你转身后又回到你身后

走过多少宽路窄路
做过多少好事恶事
经历多少幸与不幸
我可能不会一清二楚
但影子一定全都知道
影子知道菩萨也就会知道

沿途芬芳

有一句骗人的谎言
也芬芳地骗了自己一生
但我始终把你的谎言当作诺言
只因一场雪的间隔无法兑现
诺言才褪色成谎言
风儿急，为君绝
病痛中被我遗弃的心愿
爬也要爬到你追悔的残山

借　宿

白云停处
我的挂牵远
月下披云一声啸
你的影子被月光收留
我的云还在天涯行走

秋天的絮叨

埋葬的那些错过的念头
朝着孤雁南飞的方向
半空那声长啼
啼落前年的浅绿深红
浮云陷落，虚度的半生不忍回首
只想就此消失在某一粒鸟鸣
一任秋风随意掩埋
我也不再坚持在一朵莲花的微笑里
寻找完整或者完美
这世上……这世上……
只求能为你悄悄……活着

我在高原

我寻你的黯然愁云长成圣洁的高原
你的传说是我来生一心向往的净土
经文与咒语结伴晨钟与暮鼓与木鱼声声
悠长地挣扎着组成我的骨骼与血脉
我一心篡改的峡谷专心等候你的雪花
一朵朵飘来恋旧又一朵朵顺从天意

众生的心

蜜蜂的心在花上
花到哪儿蜜蜂就到哪儿

树的心在根上
根到哪儿枝叶就到哪儿

鱼的心在水里
水到哪儿鱼到哪儿

我的心在你的影子上
你到哪儿影子就到哪儿

月下竹笛

月下笛声比你枕边的等待来得早
二十年前的笛声啊
总还漾漾悬于耳际
只是竹笛已老
吹笛人已不见踪迹
欲相逢，莫说路途远
你我作别处
满湖月色一直为你保存
这么些年了
月光早已在你留下的伤口痊愈

菊仙子

菊是我的仙子。起风时
菊的语言我再熟悉不过
一条小溪逃进山谷
抛弃了我对菊哗哗流淌的偏爱
我的流淌一哆嗦
菊花就丧魂落魄
菊经年的执著
不会为绽放而放弃流溢的体香
也不会为掩饰我而拒绝风的注解

溪声山色

我是你遗失在世的影子
你一直苦涩地贴着我的灵魂低低地飞
难怪我的灵魂不用推敲，还这么清澈
你好。你好秋便静安
等到秋在枫叶之上一红再红
你渲染溪声
我浸入山色
如是，谁是谁的江山也不重要
重要的是谁坐江山谁去为对方承担溪声山色

岸

你的喊拔地而起，
惊醒我的三炷心香。

三炷心香出自我口中的心经，
回头的岸与彼岸互不言语。

究竟是回头的岸可以解脱？
还是彼岸可以得道？

寒露之寒

晚秋入深山
流泉伴飞天
风送旅程人未还
你一声呼喊
层林尽染

我还在那里

梦中的失踪
好比一生失忆
总感觉还在你掌心
数着你的指纹
你的指纹像迷魂阵
又似千山万水
我寻找半生
原来还在原地
一如月亮走我也走
我一停月亮也停

出离疼心知何处

月光游进梦中
告诉鱼儿怎么远离餐桌
今晚的鱼儿用一颗俗心脱俗
它鼓动水的呼吸
拾掇水边素月的唇语
准备迎接2013年的第一场雪
试问，那时的雪花你是哪一瓣

我在哪儿等你

我看到我的灵魂从岩缝里云烟一样飘出
带着岩石的青涩与没有来得及退去的体温

夕阳在我背后一步一步走进她的美貌
我往前一步一步走向黑暗

污染，这是我们家园共同的隐伤
也是沿途我们最后一站的救赎

如果我是鼓，你一定要把我敲痛
那样我才会响，才会尾随一缕香火上青天

还有，一定要记得在早晚课之前打扫心的镜面
那样我供奉在你镜中的花才不会走错季节之门

第三辑　今生的暗伤是来生的胎记

在路上

我戳破蛋壳。鸿蒙初开
实在想在天黑以前到达火焰的身边
白日梦忘却归路。失望寻找失语
无家可归的往事沉沦在一片落日的艳红

人生的路很长呃。长过天年
没有人注视我，是我自己注视自己
没有人为我设计，是我自己设计自己
我想让火焰作为我的序言并让钟声作跋

人生的路其实也很短。短到一念间
天若有情天亦老，但日子不会衰老
没有人会带着坟墓上路，尽管知道坟墓在前方
月光真的已看透人间，她认真而沉重的阴晴圆缺

人生的路有时真的很难唉。难到难以走下去
真想如一条死去的鱼那样很幸福地摊开四肢
再很舒服地下沉，一直沉到安静的水底
饱受哀悼

有一条路最终可能拒绝一些念想

一条路一直很听话地在我前面跋涉

我在白天赶路时她为我的脚印忐忑
我在夜晚睡觉时她在我的梦外徘徊
我摔倒的每一个坑里都有她的一个忧患

当路站到海边已经无路可行
路就变成了船，变成了
浪花后面白色的一条线

苦难的我上了船就是一船苦难
在我登上彼岸的一刻
我是不可能背船上路的。当然
也就要舍弃一船曾与我相依为命的苦难

路奋力把我送到目的地就已一无所有
告别苦难不易，告别苦难的记忆更难

做一个诗人的幸福就在于有痛

诗人背离家园而又无法重返家园
或许才有诗人躺在生动的铁轨
一任火车的奔跑以及奔跑时高傲的呼啸
逼迫火车承载变成风的灵魂不再到站

故乡越远土地越贫，亲人的爱就会越沉
世事婉转，城市的怒放断然拒绝盛极而衰
地球呈椭圆形艰难滚动的呻吟溢出诗的身体
一只乌鸦站在一棵褪色的树上举头口吐脏言

不用等了，再也没有人慢下来体谅一段时光
天堂不再敬畏苦难。地震只是地狱的一个借口
一念之间，一朵桃花凋谢了桃花源一世的荒唐
天一黑，好多诗人的种子都在月光下羞愧而亡

29年后过一旧地有感

初来此地百鸟贺
今要离去孤云衰

往事何处寻
梦境出红尘

山路的落叶腐烂了我的脚印
我再也无法用一句谎言留住你的身影

从梦走到醒有多远

溪声扼腕连声叹
山色如何举起我
一只狗与一只公鸡轮流叫醒早晨
从睁眼到闭眼，只要一个念头
可是从梦走到醒，一步一步
我却走了十万八千里，又像走了50年

今夜还吹着风

鸟衔白云归

暮鼓密密麻麻把大悲咒布满山谷
流星纷纷躲入放生池
已度玉门关的风
站在庙门两边的石狮前

羌笛何须怨杨柳？
步入羌笛颤音的人早已转身

那些一声不响的日子

鼓声是白云丢下的善种
白云是鸟儿飞翔的善因

鼓声从未衰老
泉水从未失眠
庙前的碧眼泉从未流走白云。

余　生

我想好了，余生
我不再跃马扬鞭，拓疆扩土
提着悬念
我想好了，余生
不再夜以继日，伏案疾书
饱蘸心血
我想好了，余生
我想好了。我把余生一分为二
一半用来扫地，一半用来撞钟
当我筋疲力尽的钟声站在云的尾端摇晃
我希望我清扫的灰尘可以掩埋我的全部

人生在世

日子在我身后次第破旧
母亲留在田野上的喊更是荒芜不堪
此起彼伏的狗叫声侵占了田间地头
真想有一位故人，多少年后
能与我爱恨交加地重逢
然后我们在呼唤对方名字时
泪如雨下。可是
师父的一句禅语
就搁置了我的千言万语
我的风翻墙而过
匍匐在千年古寺外的草丛
青草青青的味道青涩地侵袭我
是啊，心不要贪大
只要能停留就好
再有一处可供哭泣的地方
便是人间天堂

一片树叶的启示

一片树叶心情舒畅地享受活着的绿
她阳光明媚的内心
脉络交错，条理分明
她深知张扬之外
是恰如其分的内敛
在暴风骤雨无边无际侵略的夜晚
她摈弃急躁，心平气和地
承担黑暗里黑色的隐患
在百花齐放百家争鸣的春天
她隐匿才气，大智若愚地
举着所有花开的日子
任凭勃起的小道消息一次次粉饰太平

推脱世事，我从树叶的一条纹路上
触摸或看到自己的生命线与命运线

在夏天想着去年的秋

一阵风走着走着，忽然头一歪
呼地蹿到我面前，硬生生地
微凉着又缩回身去
啊，一阵秋风一阵凉
我伸出手去
抚摸着风的微凉
感受着山那边另一座山的金黄
我要背转身很诚实地冲你锐声撒一次谎

守着花瓣上的月色醒来

花瓣上的月色简单而朴实，
月色上的寂寞清辉而冷艳。

嘘! 轻点，轻点，再轻点，
月色在花瓣的声音已经很疲倦。

前朝的人也是似我这般老去的么?
唉，何处箫声又不眠?

致古桂正在失去的青春

古桂的祈盼
只剩下阴凉的怀念

一朵桂花来自根部
另一朵桂花来自月光
月光的泪是黑暗中沉默的香
月光与花香都献给了蜜蜂的信仰
古桂的隐私生长在每一片绿叶上

那些能够拯救苦难或者不幸的经文
摔倒了就趴在地下长成古桂的须根

与一朵花为邻

人去楼空
一朵花自言自语
她借过路的风侧耳倾听
花忽而低眉一笑

风倾倒于她的笑
又止步于她的沉默
反而我的表情是多余的
未参悟的山水亦遭暗算

夕阳下的花环

每天下午的晚课开始1小时以后
观音灵感真言就会举我在半空
把我编织成心经到达彼岸的花环
并用花环白描的语言发下一个大愿
去帮助孤魂野鬼找到来生的家园
其实啊丧钟为谁而鸣都不会再有恨了
墓地也只是万世长河的一声感叹

我在一朵花的后面练习深呼吸

我梦里念叨的那朵栀子花
一边掩盖着自己的心事
一边让心香从心尖口全跑出来
这种香味漫过我的深山峡谷
我半世的承诺终未逃出她的寓言

栀子花做梦的时候我正含苞欲放
我站在她后面一起一伏练习深呼吸
一起一伏将花儿一吞一吐
人与花融为一体。一花五叶
哪里有栀子花哪里就有危险的季节

一个转身，就这样告别青春

一个惊雷炸开我灵魂的缺口
我灵魂的缺口吞噬了惊雷
少年丧母、中年丧父
一支毒箭穿透来世抵着我的后背
我任其一道闪电的伤疤
撕开成惊雷的呐喊

第一次坐飞机小记

白云在陷落
飞机在攀升
望着窗外
我知道天上的云是水
水升腾成汽又是云

那么我呢
谁是谁的水，谁是谁的云
谁是谁的深处，谁是谁的暮春
谁是谁的空城，谁是谁的暗香

我的很多怀疑的目光被天空接受
我的很多无解的思虑落满红尘
我忽然想到我喜欢的一座寺院
我想我还是化为一朵会飞的云较好
或许我能解开你佛前许下的愿

与自己较劲

春风吹绿杨柳丝
秋日又照菊花黄
夏天刚枝繁叶茂地朝前迈一步
冬天的雪花已把自己飘得很轻
我们一边爱着自己又一边伤害自己
我们一边衰老又一边浪费光阴
我们一边放下又一边挑起
世上最近的是自己最远的也是自己
世上最远的是死亡最近的也是死亡

我们都只是时光的客人
跋涉得越远脚上的伤痕越深

这一天过去了
命也就减去一天
一直减到尽头

惭愧的隐痛无法穿越

我沉在我最黑的最底层
我看到我的灵魂从身体游弋出来
正面晃动着我善行的光芒
背面烙印着我一生错误的纹脉
亲人的追思在我的墓地久久徘徊
我的惭愧亲临我的暮色
我始终无法走出出世时的内心
也从来就没有在阳光灿烂的日子深藏不露
我知道你的法器一直在我的佛号里体谅过往

忘却世道人心的误区

大雁划过长空的痕迹
惊动寺院一棵古桂的沧桑
主根与须根日夜心慌

前方潜伏着生与死的预言
大雁与根，我与失去的家园
我们都难以在对方的深处退后一步

我预留在南方千山万水的苍翠
换不来彩虹在雪域高原歌唱的嘹亮
我只能眼睁睁看着大雁
划过长空的痕迹碎成最美的彩虹

立夏小记

我醒来叫醒一朵花的时候
花刚好醒来也在叫醒我
我的心与花的心
只可意会不可言说地发软
想不到一声过路的鸟鸣
径直把我们带到夏天
我欣欣向荣的日子立马枯萎了花期
满眼的江山
用花儿抛弃我的痛苦
心事重重地枝繁叶茂

乌托邦

如果春天的心事单薄得连阴谋也无法表述
如果秋天的表情比一朵云还安静
如果鱼儿厌恶水，鸟儿不再向往天空
我就是富可敌国也是一贫如洗

如果人间没有监狱，军队不再用枪
如果女人不需卖笑，微笑代替金钱
如果政治没有翻译的陷阱
我就是一贫如洗也是富可敌国

加持后的世事又开始走向秋风

噩梦中醒来的青苔爬满秦时明月
秦时明月弄疼了酣梦中一叶刚抵达彼岸的小舟
扶苏公子监工修建的长城蜿蜒返回至陌生的民风
歪曲之后的守望无法补救世道人心的黯然沉香
天下大事一旦开始谁也找不到善终的借口
我的沟壑是你的平原，你的浅是我唯一的深
漏风的小木屋里一盏小橘灯步入公子的落魄

木与鱼

树的年轮吸收的是土的灵气
清洗完主根的情义又把情义掩在土里
背负压力的哀鸣忍无可忍地刺痛土的心
高山葬身大海木变成鱼就有了游动的力量
鱼飞身失败的目光不知所措地瞪着大海
大海假装没有看见兀自小心翼翼地长成高山
鱼潜伏在土的私处同样小心翼翼地长成大树

看　客

古时杀人的时候都有固定的刑场
都有三通鼓罢催命上路催人观赏

杀人的方法有一千种但最残酷的是千刀杀
即从脚到头往上慢慢割到一千刀后才准死
这种运刀精细死时万般痛苦的方法叫凌迟
一天割三百三十三刀直到第三天再加一刀

传言猴与人近亲，吃猴脑补脑
即把猴子装入笼中只留一个小脑瓜在上面
吃饭时厨子用锤子敲开猴子的天灵盖
再用勺子一勺子一勺子取出猴脑放入火锅

其实走进屠宰场就是走进地狱
其实每个人的阴暗面都是地狱

水月之外

月的影子翻山越岭
最终选择水
从一而终
水的灵魂受月的蛊惑
不要名字地
让天空的路
气贯长虹
并不顾一切地向往水路
没有人能把月绣在水面
可惜我被你的借口所误
影子依旧晃荡于水中月
等候一条路攀上天梯

前朝今事

月牙儿空下的心事
暗藏刀背弯又曲
黑夜的经脉像一张网
网上的交易纤细缜密而空旷

刽子手抡起大刀杀人
圣贤用心杀刽子手

今生的暗伤是来生的胎记

钟声起，烦恼轻，
一缕孤烟陪雁飞。
山河残,
谁也留不住古今怨，
佳人魂难还。
从一粒种子发芽到一朵花的凋谢，
生老病死，
钟声歇处有一道暗伤。切记
是我们来世相约的胎记。

活　着

我们早已开始用自己腌制的垃圾
喂养自己或者喂养后代——
我们创造的财富也最终可能成为垃圾！
如果生命的最后结果都是死亡，
那么我们活着是不是也是一种浪费？

有人说，亡六国者不是秦国而是六国自己。

匆　匆

堆积的话语失去归宿
堆积的委屈还堵在喉头
堆积的苦还要流浪
鸳鸯已回，水留影
风过墙头。又入秋
我再朝前走一步
季节的鬓角止步于季节的刀锋

鸟巢吟

鸟儿忙了一天，又累又饿
回到窝里就睡了
明月松间照
照软了鸟窝
鸟儿很满足地咂着嘴
好像已经吃得很饱了
众生每一次小小的幸福
都有月光爱怜地渗漏
清风路过
陪小鸟睡了一小会儿
又走了

可怜武陵桃花源

千古武陵深处浅
无雨山常润
我的影子被落地的桃花收留
这时的桃花
敏感脆弱
我穷尽一生要找的
桃花源
还在陶渊明的桃花上养心
轻轻的，那里的桃花可以自己疗伤

走过七夕

自你的琵琶弦上返回
我早已无力举起七夕
古寺门前别
轻风脚步碎
竹摇月影
我搂紧自己落尽黄叶
并让光秃的枝干剃度以后
回到我的沉默闭关

黄昏吟

半湖秋水半湖蓝
残照损
两行野鸭波上觅家园
昔日旧约
冷落回巢路
夜幕前的念叨
细数黄昏点点暗

秋来凉

入窗淡月寻前缘
去年话犹在
今秋人不同
秋隔红尘
你走后的日子了无所依
夜夜亡命天涯
僧俗两重天

秋水伊人

一朵野菊花偷窥我的心思汪成一潭秋水
我站在秋水里的倒影比一曲民谣的渴望还浅
于是我有了秋水一样的颜色秋水一样的味道
我的魂共长天一色，与孤鹜齐飞
清风萦香，眼前不见愁来路
我惬意地侧卧在自己最善良的倒影休息
捧着一颗心来，带不走半根草去
这样一想，凡心动处，念头在一片落霞上失足
野菊花的头，顶满人间香甜

黎明前的黑暗

夜半风
举头问天空
天以我此时的孤寂为半径
无穷无尽地放大黑色
花落尘香
百节愁肠
一瓣花魂葬月光
莫把栏杆频倚
一声咳嗽
我故意用一声咳嗽安慰自己
又故意用一声咳嗽逃出自己的掌心

梦醒偶记

每个人的夜都有难言之隐
月光浸润每个人的呓语

我常常在我的前世看到我的白骨
丧钟为谁而鸣谁也无法迟到

老天的心事掩饰每一粒尘土
有时候，一个人还不及一粒尘土

窗推开，清风移花影
竹枝也似别君难

天地苍茫
我举头问天有多大
又低头抱夜独眠

观 秋

秋来
群山醉
风高
蛙声长
盈盈
枫叶红
款款
竹林香

我站在暮色边

被一朵莲花拒绝
晚霞后悔不迭
龟含千般冷
蝶从十里幽梦来

有些伤只能幸福地回忆

乾坤路上
乾坤袋
不装乾坤装心寒
狮子岭上
再无狮子吼
霜杀平原
你藏在法器上的思恋
一寸霜
一寸伤
季节轮回过往
山高水长

白　露

一曲渔歌
千百年
船子返乡难
孤猿啼处
云水间
一地落花
无法遮掩
霜满天

一片很野的云

野云住我心
陪我登上孤峰顶
我看野云无形
野云看我是野云

紫竹行吟

紫竹老时
身黑心明
竹送长风
千峰冷
枝挂残月
五蕴空
万古今夕
还是今夕
紫竹旧痕深
恰似菩萨瓶中柳销魂
纵然怀旧一生
也要头戴花环死去

山中一夜

松梢月巢暖
水底存淡天
月失眠时有鱼陪
水中流云
嫉妒天上月

梦回长安

寺前虽有万顷云
但没有一片云愿意在民间成佛

一朵花上的阳光
心跳加速地省去了我想要的到达
听说长安灯夜好。窗前谁人唱阳关

待你抬头看我时
我饱满的情愫
已繁华地包围长安

秋 叶

鱼儿偷窥白鹭飞
一片黄叶落秋心
秋风一声声
遮掩不住离愁别恨
每一片黄叶就此失去矜持
黄叶为秋风而落
秋风为黄叶而老
大地始终用一颗出世的心
借我滔滔不绝的感伤
为每一片落叶送行

鸟　巢

鸟儿走了，
月光住进鸟巢。
没有鸟儿的鸟巢还叫鸟巢吗？
鸟巢不是月亮的家，
可鸟巢里的羽毛令月光倾心，
月光要在这里自己焐暖自己。
至于鸟巢的表情，
从来就没人顾及。
不过鸟巢还是看到了月光的内心
——月光的内心善良而微温

秋来凉

秋风寻主人
相邀月光近窗棂
主人镜前抚摸脸
镜中人心事比秋还低
月哀衰草
冷落马蹄声

出　口

水的源头就是黑暗的出口
上善若水
水的声音就是光明的声音
黑暗暗算水的清澈
水的清澈冲刷着黑暗的颜色
如果迷路了
就一直跟着流水的声音往前走吧
有出口的地方总有求索的光明

纸　币

每一种纸币都有唇齿相依的使命
纸币上山河的呼吸声很重
图案罗列的尘埃陪同千丝万缕的爱恋
花开花落的倩影赤裸裸在枝头交易
春天紧紧搂住大自然的赞美
虚伪的公平早获众生宽恕
宽恕纸币的借口与宽恕自己并无两样

每张纸币的心情不再取决一个国王的消费
每张纸币都有自己的生活爱情以及宿命
纸币的灵魂对待身体一往情深又刻骨铭心
纸币知道每个人都是未来佛
取代纸币唯有修行的经文

倾听云水的声音

太虚于心得大自在
心无挂碍得大自由
云水的云是慈云
云水的水是大悲水
因果是云水的清规戒律
云水的心态丰盈肥润
没有人有它一忍再忍的智慧
一忍再忍就会微小到勿需再忍
这时候虚荣没有了
只有干干净净的自己
全心全意的天空把自己飘得很轻
连隐私都没有一星污痕

十　月

花魂举着笑意
北风举着雪花
十月举着1840年以后的日子
举着国歌的国与歌
举着阳光以及阳光下
人头攒动的投影

酸甜苦辣的十月
从容丰腴
不说冤屈
不说忠奸
不说陷阱
不说忧患
只说红旗像血一般

一个人的联欢

重阳节的夜晚
我的心一直在朝秦暮楚的上空踱步
每一次心跳都令我的每一个汉字颤栗
我的笨拙朴厚的步姿
是专门踱给星星看的
我微笑时收敛的内伤
全被月光巧妙地收藏
关公的春秋
李白的酒诗
小李的飞刀
耗空了我黑暗中的目光
我飞身成月
星星的泪光在我的脚下
燃烧成黄金的火焰
而我的泪在火焰上
却被黄金吐出一朵红莲

一朵阳光站在花上暗想

沅江边，一朵阳光站在花上
颠倒着自己在水中舞蹈
阳光在哪儿
水的舞台就在哪儿
花的倒影在哪儿
哪儿都是舞台中央
水中红尘
荡涤着人间无辜的声响
阳光的炉火纯青
流水的细腻殷勤
花儿的踏歌起舞
相聚我一生的梵歌
所至之处到处可以找到
鱼儿隔世隐瞒的敏感与愧欠

第四辑 达摩剑

法喜充满

我故意往前走
故意不回头
故意等着背后的祝福
故意担心这祝福太过沉重

我转身时有意往回走
有意把脚步放慢些再放慢些
有意装作捡到我的幸福
有意装作捡到你的笑容

我一个人往前走啊走啊
又掉头一个人往回走啊走啊
我把一生的足音都赔光了
只好一五一十地支取故乡的妖娆

我本世间一衲子
又何求生在帝王家

长生岸

小楼玉笛，吹冷月
愁水问绿波
青鸟不传云外音
一路泥泞
抑扬顿挫的宁静暗藏足音
月光忽然很无力地靠在我肩上
回头是岸，岸还在对面

一切随缘

斜阳入深院
春风又绿故乡岸
乱世的潦倒
怀旧的伤感
一年一年
一年一年

来者何须求
去者何须留

老屋西窗，帘卷夕阳晚天
是谁又在背后更改从前或来年

舍弃天空等于舍弃你

只有我的心还朝圣般的虔诚
只有我的执著还从一而终地
亲密地向往着日出与月落
一尘一世界，一草一红尘
一只忧伤的豹子最后消失在末法之季
地水火风的净土其实就是四大皆空
山河寸断，尘世之外的群星早已舍弃自己?

今早的太阳站在草丛中许愿
今晚的月躺在一朵花前失去心愿

参　师

我问禅坐的师父，
人生最美好的记忆是什么？
师父望着远方好像回到远方，
轻描淡写地说，是饥饿。

我问念佛的师父，
人生最舍不得的是什么？
师父望着虚空好像回到虚空，
闭一下眼又睁开说，是死亡。

我学着师父闭一下眼又睁开问，
舍不得死又不得不死那该咋办呢？
师父笑着，手握的佛珠法喜充满。
他摸摸自己的光头又拍拍光头说，
就像没有来过一样。没有来
哪有去？没有得，哪有失呢？

记打坐时的一个幻觉

每个人心里都会有一块预留的空地，
都会在无人的时候带着秘密抵达这里。

今晚的水，你要去哪里？
天黑路远，又要走长路，
沿途，会不会怕鬼？
沿途，会不会太过寂清？

鱼的语言连接着一个个水泡泡，
鱼的脚步一一消失在自己沉默的空气，
那些冤死的水鬼费力地寻找着鱼的眼睛，
企图用眼睛与鱼说话，打听今夕？

我是今夜一条无家可归的鱼，
多年前我曾在此被人谋害丧生，
我要在自己的水里慢慢变回从前的自己，
借心潮起伏的水向夜铺展与裸露弯曲的宁静。

悟

你把心尖移到花开
我把花开移到心尖

古时高僧大德
佛来斩佛，魔来斩魔
今日我与你再来人间
佛来哪敢斩？魔来早被吓死

渐　悟

枕边菩提无言
梅花谢长安
头上三千烦恼丝
一根一念一幽怨

江湖又夜雨
十年寒灯
怎敢问
世事浮云

佳期存洛阳
龙华三会相逢
白云止步
越轻越难放下

参学有感

一双芒鞋
残风踏
两行冷泪
心尖凉

老病听风铃
残月挂屋檐
偷窥人间
忘却我是红尘人

一片茶叶

一片茶叶禅坐杯中
俗念隔尘远
身影美好地飘在半空
反观究竟是茶苦还是水苦

错过死期的茶叶终于懂了自己的一生
有时候，累了，尤其心最苦最痛之时
不妨用一种苦去治疗另一种苦
不妨用一种痛去治疗另一种痛

参话头

“阿弥陀佛……”
——念佛者谁？
是我。
我是谁？
我是我。
“我是我”是谁？
是空。
空是什么？
生我之前
山是山水是水；
生我之后
山是有情山水是菩提水；
我死之后
山还是山水还是水。

我用飞翔的倒影欺骗鱼的信任

我举着一朵云飞跑。飞跑
忽然像飞机一样腾空而起
阳光把我飞翔的身影剪裁在湖面
再慢慢沉向，沉向鱼栖息的家
我把自己的法号丢在水里
鱼紧随而来的一个呵欠即水波荡漾

草木一春

红豆相思树上红
每一滴泪都奔向根部
足以浑浊大海

芳草心最茂盛，红豆情最红
它们闪闪的生命只一步便到高原
再一步即到天堂

刀锋上的月色紧张地询问母乳四香的夜
又一个新生儿来到人间从头开始
他将用很多的哭声告慰很多死去的生命

善女人

月下的女子，站在一口老井边
用梳理秀发的手
梳理自己的表情
她把千丝万缕的情感握在手心
紧咬嘴唇，狠狠在发端挽一个心结
一种无意的愁虬结了整个夜晚
也悠然止住了男人的隐痛

四大皆空

我强忍的咳嗽
憋疼西天晚霞暗红

我的身体是地
我的血是水
我的喜怒是火
我的气流成风
地已被天空宽容
水正被弧形的虹暗示
火已燃烧彩霞
风正被云朵移动

疾病隐瞒了我的身世
我的病与这个社会的病没有两样
社会的病比死亡还渺茫
又像罂粟花一样漂亮
每当寺院的上空飘荡起晚课的声音
我就无端地感动与忧伤
感动佛指上的鲜花对我微笑
忧伤来世的自己无法与自己相遇

当下与放下

是哪一世的哪一位高僧布施了这场雨期
天上一颗星，地上一个人
天上的星星放假了，地上的人放假了吗
地上死一个人，天上也要破碎一颗星吗
开始重逢结束，我含泪点亮河灯的心愿
将错就错的命运不敌丛林深处的脚印
时光偏转身去掩嘴窃笑我恭敬的问询
爱星星吧，爱星星，爱的路径拒绝色情

地狱、恶鬼、人、畜牲
谁的生命会在星星睡着时醒来

佛前的长明灯

我的诗歌已失去根与叶的歌唱
不知道来生是要做船长还是樵夫

不错，地上满是泥潭与污泥
但确实能生长鲜花与果实
因为安静，佛前的长明灯开悟了
被压抑在胸的疼痛有了水的笑容
激荡的风总是让每一片绿叶感动

破除执著的法门只有自己

我愿放弃月的清辉
以一只鸟儿的姿式
唧的一声从这里飞到那里
再以玫瑰向往的姿势
栖息在你侧影的枝头
仔细推敲出你下次迟到的地方与时间

我愿在怀旧的华丽处摔倒
哪怕为一句谎言诵经
哪怕为这句话减去十岁
我都不会有一丝一毫的私心
当火柴点燃火堆
我就是那滔滔不绝的火焰
我要视死如归地为你口吐一朵红莲

灭罪真言

你一定渴望光阴把你叠起，
让你站在云的自由之上飘移。

人是从什么时候开始变人的？
从古到今，这么多年，
你一共变了几次人？
一共做了多少恶事？
赶快至诚念诵“灭罪真言”：
“唵哞呢萨嚩诃”
说不定你就会与来生结缘。
当丧钟因你而鸣，
般若花已经填平你的深渊，
内心的微笑将一直送你到花开。

成　佛

一朵在佛前打坐的莲花问佛
——花有病，人知否？
佛问座下打坐的莲花
——人有病，花知否？
莲花说
——人有病，请以我心为药！

菩萨的话

菩萨的话从众生心里潜入大地
命运的血液盘根错节
只要不贪
大地上生长的万物
足以令众生各取所需

寺院里心事婉转的莲花
偷偷注视着目空一切的白云
第二天早上，佛前的一滴露珠
就轻而易举地装下整个天空

花开见佛

每一朵花都有一颗心
一花五叶。一花一世界
每一个人沿着花走过的路
都有可能找回自己
找回自己本心的人
当然就能找到花的世界

花开见佛
走进花的内心你也学着绽放
你就能听到花一瓣一瓣开示
花看到的每一个人
每个人都是一尊佛

禅房梦醒山青

风铃飞檐下
碰痛鸟呓语
忽而一声惊叫
吓醒天涯魂
去年今日
有支灯影宿西房
善意的谎言
满身尘埃等秋黄

夜　宿

蛙声叫醒田间水
月栖树上销魂
古寺上空每一句佛号都会空起来
星星总是一眨一眨的
看残荷睡去
荷花腮边的泪
辗转反侧

动　心

千江月
搅
千江水
千江水
有千颗心
水月无边
我心有星星
星星沉潭底
水底满潭星

牵　挂

乌鸣
南朝事
风吹
流水声
一声钟鼓静红尘
落花
葬黄昏

拈花指

上弦月与我分手的地方
转身的孤独在此发芽
我的沉默是我的寺院
我的寺院住着我的沉默
五千年的功名利禄
反反复复地拥挤到我的禅房
我也尚未参透生死
只好把众生的因果与背影供奉佛前
借机问佛
佛张嘴，未吱音，话掉到手上
手上长出一根拈花指
只是指上不再拈花

空山新雨后

空山，从容地
在黄昏时的新雨沐浴之后
被一弯娥眉月剃度
三千烦恼丝与月光同时着地
八风吹不动的红尘面对
站立在众苦之巅欲参的话头
禅坐在月光最柔软的地方
庄严了天与地之间的空空荡荡

作　别

水中三更天
鱼儿还在奔走
万千心事
鱼读夜月点点愁

渔郎已经休息了
人散后
水陷在水的浅滩
不能自拔

归 宿

天有南北家
根有故园地
玉人横笛唱阳关
野草命贱
又到我前世的墓前

黎明即景

寒鸦三声
花香追月残
了了了时无了了
佛祖拈花
笑正蓝

达摩剑

达摩剑不杀人
也杀不了人
只杀心

慧可一定杀过很多人
不然也不会找不到自己的心
他拜达摩为师
请达摩帮他安心

达摩要他伸出手
把心呈上
达摩就此斩断这只手
血溅在雪里
像一朵盛开的梅花

慧可果然就找到自己的心了
心在痛处，是雪地哭过的红
而那只断过的手
则被大雪收藏
不再搬弄是非

轮　回

墓地储藏的阳光
捂在黑暗的心口
再通过根部吸收
又通过根部向上转运到枝叶
隔世的哭诉纷纷开出人间的鲜花

在刀与花朵之间
人们都会选择手持鲜花
墓地也不例外

中元贴

我在中元节超度的魂灵
抱着自己的乳名跑着
跑成悬崖上的白云
刚出死境又抵死境
为一次生往往要一次又一次死

我捐出我的真言
悬崖上的白云入定
意象险峭雄峻
不似那些负心的人
心是扁的
话是圆的

修寺庙

肩挑大千

冷茶泡冷饭

一朝又一暮

夜闻子规啼血

我作杜鹃

如来低首枝上红

心　诀

有心
情自深
情深多是寂寞人
恰恰用心时
无心恰恰用

诗　心

诗到寒处

入禅

禅在洼处

成诗

人间无穷风流事

清风默许。佳人

独自知

心

心若无心
无心之心最真
本心终究只一颗
无心心亦心

比悲伤还悲伤的不是死亡

一片树叶落下
影子倒着飞翔
影子是叶子的灵魂
叶子落地的叹息
分离了叶子的身体与灵魂
在死亡之前
叶子始终维系着向往天空的尊严
它奋力挤出飘逸的微笑
祝福灵魂离开身体的自由
同时又从心里大声喊着自己的灵魂
希望它找到比自己更适合的身体新生
比悲伤还悲伤的不是死亡
而是死了之后再也找不到自己

觉　悟

不知哪只鸟儿回家时遗落的一根羽毛
顺着一片风的记忆歇落在一朵白云的脑海
白云得到点化，深入天空的微笑，智慧如海
是日已过，命亦随减，如鱼少水，斯有何乐

每个人都应准备随时告别

阳光在一朵花的容颜上失色
挂在绿叶腮边的泪叫露珠
泪里有清纯有美貌有天空
一花一世界
一泪一人间
泪干了
泪包含的情感是季节更替的最好肥料
嘀哒嘀哒，嘀哒嘀哒
时针向我们传递着疲惫
说不定哪天它就把我们定格在某一点
再不醒来

回头者是谁

水的尽头是水

生命的尽头是生命

月也有尽头
月以太阳的心为心
自己跟着自己绕圈子。在尽头
月一次一次与自己重逢
再一次一次与轮回的我们重逢

我的尽头是那一记木鱼声。不用找
我就闭目禅坐在那一记声下

借宿龙潭

残月借卧鹤巢
鹤梦松枝轻摇
千尺寒潭千尺寒
一寺独立山尖
贫山又贫
又傲
我唯借孤单入眠

悟

月入禅
天心圆
花满枝头
人间暖
旧踪迹
回不到从前
江风行善
浪花细
缘分浅

行　脚

千秋月落
放生池
水面一片负心白
山门
敲不开
惊醒乌鸦啼唤

彼　岸

万顷湘云落湘水
今夜鱼儿陪云温存

欲寻菱花
彼岸箫声断销魂

梵歌月落吟
难怪心冷了，泪尚温

水的轮回

水起浪时即成波
波入静时又是水
水摊开自己。散尽芳华云
覆手之间泪成雨

拜 佛

我五体投地拜佛
月光的影子在背后拜我
当我的心贴紧尘埃
我与月光才发现：我的
影子在拜月光

结　缘

月魂入水水成月
水魂遇月月成水
水月交融的夜纤细绵长
木鱼吐出的每一个字都空灵透明
斯时你刚好来到一座寺院挂单

金刚经

你日夜默诵金刚经的梵音
不可思议的愿力穿透我莲花的眉心
大雄大慈大悲，大悲大愿大力
我走遍的千山万水环绕你的六道轮回
露水是你的心门
闪电是你的心脉
泡影是你心的房间
空花是你的哽咽
我路过的地狱与畜生之道花开有度
我匍匐在你经文的血脉遗失来去
我遗失来去的经文是凡夫重获仰视的如来

安妥灵魂的重量

闻钟声，烦恼轻
108下钟声被人广泛传诵
又被广泛误解
究竟是要断除108种烦恼
还是祈求108种福报
安妥灵魂的重量
钟声唯有空去自己

走进西藏

出离心刚刚出关
就被彩虹蒙蔽
就被城门拒绝
千古石壁影犹存
菩提心安排入世的结局
一曲梅花引即可支开
金刚上师灌顶的密法失传续部
诀窍在佛法的取舍上愚不可及
为了找到自己
我一次次脱光衣服
任凭月光抚摸

在雅鲁藏布江畔

训练那些浸入格桑花骨髓的心
训练硬的柔的长的窄的心
训练高的低的贪的恨的心
训练委屈的忍辱的心
训练愚昧的苦涩的心
训练智慧的悲悯的心
依靠念头断除念头
依靠色相远离色相
依靠无所得放任无所得
依靠眼耳鼻舌身意缚住眼耳鼻舌身意
依靠受想行识剥离受想行识
天高才无高
地大才无大
心静一一静，心静万世空
心定一一定，心定季节无

秋菊秋月秋水

菊花散尽一地秋的清辉
有菊花的夜和敬清寂
有菊花的月哺育着惆怅婉转的内心
秋水承载着月的粼粼波光
花魂香消玉殒
种菊的公子葬月
爱菊的仙子葬花
爱我的秋水葬下我的倒影
互相念叨的誓言
念叨得太久太久就没有了着落
月光的私心
被一朵菊花折服
月亮圆了。菊花残了
秋水孤独地用一泓静心呵护我的淡雅

霜叶红于二月花

那些成霜的往事
醒来后湿漉漉的湿
叶片全被霜杀伤
最美处伤最深
霜叶的敛气与静心的美
等候晨光的切入
律动的火焰
一瓣一瓣打开红色的高潮

我无法再一次风月无边

风从水上走过
我的热血
辜负了水的曲线
失眠的风
辜负了梦的蔚蓝

月从窗前路过
玉兔的风华
辜负了月的嘱托
大唐的素月
辜负了受戒的禅坐

第四个为什么

小孩的污点是可爱，
为什么少女的污点是痛心？

天空的污点是阴影，
为什么水的污点是污染？

乌鸦的污点是优点，
为什么孔雀的污点要用开屏来遮掩？

我坐在菩提树下观身是苦，
菩萨坐在苦的莲花座上，
为什么会微笑呢？

真与幻

千江水，千江月，
究竟哪条江里的月才是真身?
你刚要步入月的内心
月已返回湖心

霜降感怀

我是转世法界的空王子
我前世的尸骨正被闪电鞭打
我今世的灵魂又被雨后的彩虹表达

我所体验的死亡比空中的梵音要酣畅渺茫
一曲销魂散至今还在西山垭口兀自断肠
身在人海苦作舟，夜闻鸦啼心自凉

山溪吟

山溪水的清澈见底
透露了水的心事也湿润了山的心机
山与溪的互相仰慕互相倾倒掏肝掏肺
掏空了彼此隔世的青春。人情稀薄
沿岸的繁荣繁荣不了每个人欲望的根部
相依为命的山与溪彼此成全又彼此瓦解
鸟儿站在暗算的路线相约迁徙的方向
一朵野花不愿说出自己的姓名
只一味在风中摇头，又摇头

南飞雁

心动之时思念
颜色洁白
暗藏一滴露水的渴盼
是秋日深思熟虑的忧郁
和季节继承衣钵的变幻

一粒初吻的无知
被一只南飞的大雁衔走
也许它会坠落在云端
也许它会坠落在春天
或者借住春天
从一个人的浅处出发

万物诵

每一个生命都贮藏着卑微的仰望
无论动物、植物还是人
我们都是大自然的子民

每一个生命都流淌着高贵的气息
无论动物、植物还是人
我们都是造物主的神奇

每一个生命都与阳光雨露血脉相依
无论动物、植物还是人
我们都是老天爷的馈赠

当然，水有生命阳光也有生命
当然，风有生命空气也有生命
除此，母亲的坟墓也是有生命的
我的泪就出自母亲隔世的心疼

美丽之死

我们的肉身也是色身
色身是世上最灵动的美丽
它往往牵绊灵魂的飞翔
灵魂的飞翔闪烁着神性炫丽之光
色身一直都在迷惑我们蛊惑我们

色身只是一个假象一个谎言
我们沉迷于色身。一如
我们宁愿沉迷于虚妄
我们宁愿沉迷于虚伪
我们宁愿沉迷于谎言

如果灵魂已经穿越
色身只会是沉重的累赘
如果灵魂已经超越
色身只不过是日渐腐烂的外壳

一切真实都是梦幻泡影
一切美丽都会坏死
晨钟暮鼓的真谛
无非提醒我们的色身
是借尸还魂的家园

逝者如斯

四季交替，我也交替
我的灵魂离开我的肉身
与自己交替
一位女子站成一棵树
花开花落地虚构
我在吉祥山的传说
山中无甲子
岁月不计秋

骗　子

萤火虫骗过星星
月光骗过初恋
季节骗过江山
明年春天
我也要做一回骗子
不骗别人，只骗自己
只骗自己的春天
骗春天在你枝头苏醒
守望天空回头时
一点一点低垂

每一个人的日子都是空空如也

我的羽毛触动云的心尖
芳草鲜美，落英缤纷
一颗长着美人痣的白云自贬人间
她误入我精耕细作的桃园
独享我内心的无眠
内心之外她绕过园子外的流水潺潺

末法时期，桃花已落
我无力带走一朵桃花
也无力支走一朵白云
桃花凋谢的日子
风走过我的指缝
我时常在自己心里迷路
忘记从哪里来往何处去

我们每个人都有最大的财富
——那就是日子
每个人又都一无所有
——那也是日子
我目空一切的日子
可怜我带不走一滴一点

妄语的变心

闪电的气息悲凉地跃过月光的峡谷
雷声的呐喊呼啸而来
我跌倒在雨水的曲线
从头到脚我的灵魂裸露在身体之外
我从闪电的光芒获取智慧
我从雷声的轰鸣体验忍辱
我从雨的泪水感知慈悲
我把心底的隐私一一清洗
又把往昔的贪念嗔念痴念一一清算
苦集灭道铸造的十二因缘的宝剑
寒光闪闪。剑尖上的咒语锁定预言
剑下失踪的人很有可能死在自己的誓言
出口就是愿。有些话是不能随便说的
誓言无法兑现往往就成了妄语
我不知道还许诺过你什么
这样一想，往事寸断，我不禁心寒
或许，从镜子里看不到的心
说不定
在水中月亮可以找到

归　宿

田野的风通过一段悠闲的恬静
碰到放生池里的一朵莲花
就翻越过去，跌入水中
这才发现根的传奇
一直隐居在泥水
以抱朴的沉稳省去莲花的慌
等到莲花凋谢结出莲子
莲花的柔软心
便被包裹在莲子坚硬的外壳
一生再也没有机会逃出自己
其实，这何尝不是一种归宿

能否打听轮回

夕阳华丽地沉入西山，
次日又若无其事地从东山升起，
这预示出生与死亡已被大地接受。
我们都是季节尊贵的客人，
父母也是我们尊贵的客人，
当我们措手不及送走父母，
乌鸦啼唤生死的淡定，
没法令黄昏追忆早晨。
山设下圈套诱捕水反而被水俘虏……
生的尽头是死。我的尽头
是死还是生呢？
谁在掌握自己以后还能掌握下一世的出处？
下一世的出处谁又是谁真正乘愿再来的人？

能够轮回是最大的幸运

千山万水总是习惯纵容花的国色天香
花儿放下自己故意冷淡自己的一颗芳心
结束一种美貌又开始一种美貌
月缺花残。花蕊上的誓言结成果实
果实拈香的笑与花儿血脉相承
红尘中的玄机谁说得清呢
果实最后的一点秘密生成种子
种子一声不吭，心事过重的愿望长出根须
原来这世上还有一种强盗是专门偷心的
没有心计的种子土生土长
从来没有计较人世间的那些分寸

第五辑　没有人能放下影子

活　着

如果我是转世的仓央嘉措，我是空王子
我不能借一泓清泉净心，
我还不如一条鱼，
我为什么要活这么久？

如果我不是转世的仓央嘉措，我不是空王子
我不能追随一朵白云宣流法音，
我还不如一只鸟，
我为什么要活这么久？

如果我什么都是或者什么都不是，
我不能供奉山边的上弦月，
我还不如一棵树，
我活着不是一种浪费吗？
我为什么要活那么久？

借住众生的伤口

家乡除了几座祖坟我再一无所有
青山与绿水、粮食与家畜皆在被转基因挣扎
呼唤孩子回家的炊烟早就绝种
家乡已经沦陷
世上头一次出现了我这样的亡乡奴
家乡的远经不起谁一声喊就会支离破碎

回到家乡不能替家乡分忧
走在异乡无法在异乡分担
上天月光不给我带路
入地找不到萤火虫的家门
而在夜色深渊能够浮起我灵魂的寺院
又全是众生祈求菩萨保佑的伤口
那么我就借住在众生的伤口吧
能为众生疼痛不也是最大的福报吗

沉默的天空无痕

沉默的天空没有留下我沉默的痕迹
但我的心确曾随白云沉默地飞过
那些被你泅湿的日子月色弥漫
我莲花状的魂灵追逐你的目光再没有回来
你蓦然回首的惊鸿在我的暗红之上闪烁其词
我自嘲的浅吟情急之下逃入云水堂回光返照

镜中花

一朵微带忧郁的花走进镜中
镜中的忧郁无色无味透明
蔚蓝的天空带着大海蔚蓝的体温
步入花儿的背后
成为花儿忧郁辽阔的背景

夜来了。花儿睡了
无人问圣僧
今夜月不明
花儿美不美

致我修建的大雄宝殿

我在灰瓦白墙红窗户的唐式建筑前停下来
我在唐式建筑的万字窗格前停下来
再倒吸一口凉气屏住呼吸屏住自己
从中门的左边迈左脚步入大雄宝殿
大雄就是大丈夫的意思就是如来的意思
如来就是佛的意思就是觉悟的意思
觉悟就是自觉觉他净心第一利他之上的意思
我合掌跪下。一拜佛
一拜生之所来死之所去
起身合掌。再拜众生
视一切众生为我父母，我是众生之子
起身合掌。三拜自己
人成即佛成，自己也是未来佛
三拜以后再问询。问佛也问自己的心
我还要被红尘隐瞒多久？身后的脚印
还需要往前寻找通往你的捷径吗？
你是天堂是地狱是佛是魔还是凡夫？

好日子

有凉风的日子清爽
有阳光的日子温馨
有阴雨的日子缠绵
有雪飞的日子高洁
天天都是好日子。这是因为
世界有我啊我的心里有世界
我的世界静止了你的波澜不惊
月翱水底

岁月劫

入世者对出世者说
出世在世间，不离世间觉
离世觅菩提，恰如求兔角

出世者对入世者说
缘聚则合，缘散则分
一切随缘，即得解脱

我站在我的中间对我说
剩下的人纷纷从我身旁走过
走进坟墓就不知走到哪里去了

今夜明月照古人，古时明月照我心
我偏爱的桃花在我色泽光亮的时候早已凋谢
明心见性的菊花经不起我一咏三叹即枯萎在你的一瞥
五百年的长河呜咽着我隔世的别离
五百年后谁在乎你是美人还是野花
五百年后谁在乎你是英雄还是野草
五百年后谁在乎誓言的忠贞或者谎言的良心

五百年后我希望自己是一块石头。像孙悟空一样
不要妈妈地从石孔里蹦出来，倒退成猴

沅水边，感受秋来凉

春日才看桃花红，
深秋又见菊花黄。
秋日饱满的容颜如晨月初拭
一夜清寂依稀。
独步沅水边，
少年心事，
目断水天远。
秋后夜来凉，
冷落的心事有谁知？
岸边杨柳骨瘦，
夜寒谁暖？

立冬杂记

今天是立冬
这些天我老梦见回家
屈指数冬来
弹指惊冬去
我知道这是老的开始
老家不断传来消息
某某人上个月已经走了
某某人已到了癌症晚期
生老病死无人代
酸甜苦辣独自尝
老来最怕听夜雨
雨打屋檐
一声一声
好像是有人在哭

冬过故人庄

寒风口上约寒风
人情恰似风薄
初冬野店孤
一堆荒冢卧店后
几根老松，几蓬山竹
相守无言人间
生前心计万万千
世事寸断
枉费空持手一双
往昔繁华都不见
我避开的风
跌倒坟前

今天的阳光总是这么慈悲

血水里的阳光要么是朝阳要么是夕阳

我骨髓里的大地行走着褪尽人壳的灵魂
这些灵魂有善的恶的有冤屈的无疾而终的
他们已经把尸体留在人世腐烂成泥肥沃大地
他们已经放下万缘用清风明月清算完恩怨
这也就是我为什么一生都喜欢修庙的原因

只有庄严的寺庙方配安妥庄严的人生
只有供奉的香火方能站在天空尽情歌唱一生
只有转经筒方可转出再次转世为人的希冀

血水里的阳光要么是朝阳要么是夕阳
善男子善女人，如果可以选择死亡
你是喜欢早上还是喜欢晚上

没有人能放下影子

欲放下影子
先要打碎影子
欲打碎影子
先要打碎自己
真要打碎自己
又不敢与自己相认
影子也就抛弃影子

影子无心

影子没有心
但它一直监视我们的良心
不错，良心不值钱
因为良心没有价格
不过良心如影随形
它从善恶的源头出发
直到陪我们走进坟墓
之后还把自己留在墓外
继续陪伴我们的灵魂

来生——如果有来生
影子还是你的影子
只是，我会是谁的影子？
或者，谁又是我的影子？

袈裟之外

你浅湿的心思行走在你编织的披风
披风上千针万线的结头是满天繁星的缄默

御寒的披风把冬天一分为二
冬在风之外，天在风之内
裹紧你焐热肺腑的暗红

脱下袈裟，披上披风
风雪夜归人的是我
身后脚印呵着热气揣摸
袈裟之上万万顷神秘的三轮体空

人世最远的不是你一去不回
而是明明相遇却没有力气面对

弥陀花——兼悼韩作荣先生

呜呼，拓夫兄早上哽咽来电话说看到大卫兄的微信，韩作荣先生去世了，我即打电话给北京的大卫，大卫证实韩老凌晨两点去世。呜呼，给我这个月出版的新书《春天的宽恕》作序的韩作荣先生就这样走了。他用蓝墨水给我写的序，与他的前任雷抒雁先生一样，成为留在人世的绝响。

久住必有缘
这棵樟树站在这里，与我一起
终于等到爬满东篱的弥陀花开
弥陀花十二年一开花
味道比腊梅浓，比菊花淡
颜色比腊梅深，比菊花浅

弥陀花是一种安静的花
他的安静足以令爱停止
我辜负的弥陀花
我先睹为快你转世的容颜
当我心满意足地转过身去
我会面带微笑，像阳光一样
很慢很慢地一直退到自己小小的花蕊

哭韩作荣先生

雨水掏空了天空
新冢掏空了伤感
经文掏空了我的心间
修行要冤亲平等
我既不能报仇也无法报恩
我从禅坐的一颗泪上下来
莲花不再举着我的魂灵
心奉尘刹，背对红尘
我什么都没有了
我空旷清凉
只剩下自己
我的脚下
是落叶回归大地的欣喜与悲戚
我伸出的双手
找不到人抱头痛哭
十方压抑的大悲大喜
朝我最软弱的地方奔袭而来
我只有跪下，虔心超度

清　福

月的家在水里
水的家在大气层
夜静鱼读月
月舞长河
粼粼波光浅吟低唱
说什么天上人间
不
及鱼儿半日闲

寻　道

天苍苍，野茫茫
这些年，我的灵魂
一直沿着经文
一直沿着丝绸之路
寻找一段过往

女儿国的水井里
月亮已经离去
再也不会在此阴晴圆缺

古楼兰的繁华深陷风沙
美人的笑化成了风
英雄的泪化成了沙
每一粒风沙都是一个祭日
风一想起旧事就跌倒在旧事

迦毗罗卫国的太子还禅坐菩提树下
思考人间的生来死去
那些忧伤怎样用真言注释
那些苦怎样用咒语翻越

那些死之后与生之前的空隙
究竟是怎样地失踪又怎样重获宽恕

三千大千世界的血缘
藏满星罗棋布的玄机与轨迹
每一世的情缘都无法直奔天涯
活着，俨然是一条弯路预设的陷阱
面对天空
一棵小草与一棵大树是一样的高

天苍苍，野茫茫
这些年，我的灵魂
一直沿着经文
一直沿着丝绸古道
寻找一段过往
我是一弯新月还是月贮藏的一窝泪光
我是一口枯井还是一粒风沙
我是一棵菩提树还是树下的一片落叶
我是咒语的咒还是真言的言
佛说六道轮回
眼下我在哪一道
又在哪一回

乡村一景

秋收后的乡村冒起肥硕的炊烟
田野很幸福，有一种宽广叫知足
天空的蓝吸吮着稻谷晒干后的香
中午的阳光慈爱地放下镰刀、锄头、犁铧
一群没饭吃的少年捡拾田间遗漏的稻穗
他们光着的屁股翘上了天
屁股与脸蛋儿一样可爱。可爱至心疼
无数的鸟儿在他们屁股后面抢食
田野上的风收割后尽情地失落荒凉
他们在阳光下的舞蹈羞涩拘谨
田埂上的小牛缩着鼻子流着口水呼喊妈妈
天空面向田野低下来，低下来

夜雨寄北

冬来夜深几多寒
夜寒不照镜
照镜生怕鬓角银发见
君未至，不言老
烛在西窗摇晃
不堪裁剪
冷月催我眠
一枕新凉，又到天亮

趁着月色，脚步声有意早退

你在月下妩媚
月在醉眼弯曲
今夜谁在颠倒妄想
复又反弹琵琶
弦上香囊暗解
芳魂无情还
时光空旷
再无人推敲月下门

蓝

我的天空飘走了所有的云朵，
只剩下蓝……
蓝撕裂着无边无际，
无边无际的蓝随时要掉下来，
又随时被空气无边无际地举起；
颇像我的灵魂去了中阴身——
佛说人死后灵魂会寄存中阴身。
那时我的天空还有这么蓝吗？
那时我的我还有这么蓝吗？
——有的。要相信灵魂，要相信蓝！
有蓝天空才有干净，有蓝灵魂才有清澈，
就像上次相遇时彼此会心地一笑……

你

当阳光终于从阴霾的云层跑出来，
你为什么哭了？

当第一朵雪花降临苦难的枝头，
你为什么哭了？

当一只鸟儿蹲在村头啼唤花开，
你为什么哭了？

当枫叶伤心地红着举起幸福，
你为什么哭了？

你是白日在田间地头播撒的民女，
你是夜晚以水为家的圆月。

人间有了陶渊明，东篱下的菊花才无憾；
红楼有了曹雪芹，梦中的石头才开口说话；
前面有了你，没有声音的地方我才荡漾！

你是下凡的星星，

你有世上最好的心肠。

观音菩萨，南无观音菩萨！

当你心软的时候，

星星哭了。

我

天空慷慨的是高远，
河流慷慨的是上善，
大地慷慨的是种子；
我别无他求，慷慨的是诗行。

我的诗行是闪电划过天空的痕迹，
那是我生命灵性的寓言；
每当我端坐桌前写诗的时候，
我的心就会幸福地软下去……

我是一只老蚕，
匍匐在我体内的诗行是蚕丝
——一丝一丝与我血肉相连；
某一日蚕丝抽尽，
我就徒有空壳，
一厘一毫地风华，
等佛接引，
让至性至纯的诗行清冷地站在早上，
叩问情感的去向。

梦

一条路跑到死亡面前怯懦地看着我!
我知道我一步跨过去就雄奇飘逸，
我知道人生只有两条路：
一条生路一条死路，
我亦知道喝了孟婆汤便生死相隔，
而离别的苦会全留在另一条生的路上深浅不一
……
我多么想用早上的光辉为你造一间小屋栖身，
我多么想用深夜的月光为你缝一件锦衣御寒；
如果你的目光再次路过我沉默的门口，
我一定要喊醒你的泪把你的目光郑重地留下来，
请你含泪的眼沿着我沉默的阶梯拾级而上。

缘

缘如期而至，
你说你心头的千千结为君所系，
你说你不再相信君，只相信缘，
你要求缘为你一个一个解开心结。

缘说为你解开心结是我的缘，
可你心有结千千，我一天只能解开一个，
到那时君老臣也老，你等得起吗？

你说你愿意等，
只有解开心头最后一个心结，
你才能解开自己，
妾愿老君家。

缘终于为你解开了最后一个心结，
可是缘用尽了自己，没有了。

种子是谁

一粒种子的徘徊
耗空了一个冬季的蛰伏
其实从冬到春的距离
比一片春风还薄
现实的残酷致使理想无涯
一粒种子向上的力量就是一种理想
一粒种子向上的力量无不朝着真理的方向
虽然生命的最后谁也无法回避死亡
但种子的回忆里从没有得失与抱怨
思念的根顽强跋涉着寂寥与艰难
当夜色筛下月光的繁华
月光睡了，种子还醒着
它努力生长着你的那些无眠

种子的前面只有理想，理想是大地的力量
一百年不算久，一千年不算长

致表兄

明月清风不劳觅
何必再浪费一次深情
心无尘埃
天地安

静

英雄销魂地
一重山，两重山
千重万重山，青山山外山
谁的酒歌彳亍在谁的酒杯
谁的酒醉了谁的芳名
我悄然回到弥陀院
满院都是法号
今夜的孤寂让我与你如此之近

常德旧城改造路口的女交警

你的笑是十字路口的路标
尘埃下的青春皈依清风
青春的路不会老
清风抒情地绣在你的荷包
小小的秘密滋润着小小的幸福
多年前的苦难正一点一点给我呈现快乐
我的快乐让月的娇羞全洒在你的尘埃

剩下的自己不再经典

你一直坚信
牵绊你的暗示不会在佛前打折
你从不怀疑
迷惑自己内心的恋旧被世事洞穿
我在佛光闪闪的大殿祈祷又放弃
天高地阔，世事苍茫
原来我从未背叛自己
我喜欢寺院。喜欢
寺院里晨钟暮鼓庄严的和声。喜欢
寺院里一花一草勇敢地平等地对待自己
我当然知道生活最后失去的不是心碎
而是你爱的人不再对你抱有任何幻影

冬日阳光直抵微笑底色

冬日。阳光微温的浅笑
浸染我沿路的万水千山
千山万水的呼唤已荒芜
我倚着母亲眼里的忧伤
高一脚低一脚地走来
直到走进我额上的皱纹
阳光瘦时又饥又渴地注视我
我高举乡愁。菊散香，人影单
千山万水的寂寞流淌在阳光的血管
你的芳名勿需旋律黯然

门

有一些疼不一定要有伤
有一些伤不一定要有伤口
佛为什么没有伤也有疼？
佛为什么没有疼也有泪？
一部情史半部红颜泪半部英雄醉
空门是人生唯一的后门
也是八万四千法门打开之前的第一道门
不要说退一步海阔天空
不要说退步原来是向前
华丽的病痛自当顿挫
勇猛的死亡也需要残血粉饰

那么，怎样的迈步才不至于落入俗套？
那么，怎样的别离又才有可能重逢？

我要到哪里才能想起你前世的容颜

无人与美人共枕月色百年
也无美人长伴英雄驰骋万里江山
秦时明月汉时关。这么多年了
太阳没有增大
月亮没有缩小
扬眉一瞬间
红尘被红尘暗算
古时候的那些人
如今轮回到了哪里？
彩虹翻译不了改朝换代
空门的门真的好像永远空着
项羽不在
虞姬不在
乌江安好？

冬日一夜

又到夜幕降临
蜷伏在暮色上的伤口与微光一一作揖
暮色永不褪色。伤好了也不褪色
今天的苦留到明天就不苦了

因而，今夜有可能会很长
我的脚肯定有些冻。寒从脚入
我的身体也不会暖和。这不要紧
像暮色抱着伤口一样抱着自己

我不上床。那样会越睡越冷
我会披上被子，裹紧自己
禅坐在莲花椅子上——心诵《心经》
沿着心经的路线逆流而上

而上……而上……而上……
便会不知不觉禅定在你温暖的路旁

明年春天

明年春天。明年春天
我要用肺腑之言抚慰思春的曲线
我要躲在曲线的枝后露出半张笑脸
我还要开一些虚荣的花还给诚实的绿叶
我不再相信春风捏造事实的问询
信心不可能比黄金还珍贵
比黄金还珍贵的是信仰
春天有了信仰才不至于蒙蔽春天

明年春天。明年春天
我不再隐藏自己
我要三步两步便使自己百花盛开

我还想请蜜蜂翻译一朵花的缘起缘灭

浊世之花

真的！不是我忽视梅花招展
是招展的寒梅错记我的归期
我的归期像漫天的雪花
说来就来。无声无息
梅花与雪花相约浊世
梅花为我预备火红
雪花为我储蓄纯洁
火红举着诱惑。纯洁举着雪白
我继承的衣钵提醒我
不再与花沿路返回
我双手紧握掌纹期许的民谣
故作空空如也惊喜。再扭头就走

交换秘密

雪花向我传递最高的宴请，
接引我赶赴天空的盛宴；
我退回一步，退回到雪花的脉络，
我看着天空的脸——
我的灵魂实在无法铺展天与空的高远！

究竟是一朵雪花来自一片天空，
还是一片天空来自一朵雪花？
究竟是身体来自灵魂，
还是灵魂来自身体？

天空布施雪花，
雪花也舍得天空；
但灵魂布施身体，
身体舍得灵魂吗？

如是，我远赴天空的盛宴
脱胎换骨成六角形的雪花；
雪脱胎换骨成我，
可否习惯步入尘世的冷暖？

我所奢望的还乡

故乡的汗味收养了我
我收养了汗味的咸
妈妈的血撕痛了我的地水火风
于是我在妈妈手掌上有了——
第一次哭
第一个黎明
第一个黑夜
第一个微笑
第一次牙牙学语
……
——妈妈的手掌就是故乡
妈妈死了，妈妈的坟墓就是故乡
我此生最大的愿望无非回到这里
终止我的——
最后一次哭
最后一个黎明
最后一个黑夜
最后一次微笑
最后一次瘪着嘴自言自语
……

一筐草药

风雪天
我从山上挖了一筐草药
翻了十八里山路卖了1块1角钱
钱在手里攥出了汗滴
这年我11岁。第一次挣钱
好像可以买下全世界
快乐膨胀得要飞起来
我用5角2分钱买了本新华字典
新华字典封面是红色的
是《毛主席语录》的那种红
打开字典我就直想躺在油墨香里
还剩下5角8分钱
我给妈妈买了瓶她想吃的罐头
一瓶罐头2角3，还剩3角6
我全交给了妈妈
我希望可怜的妈妈很富有

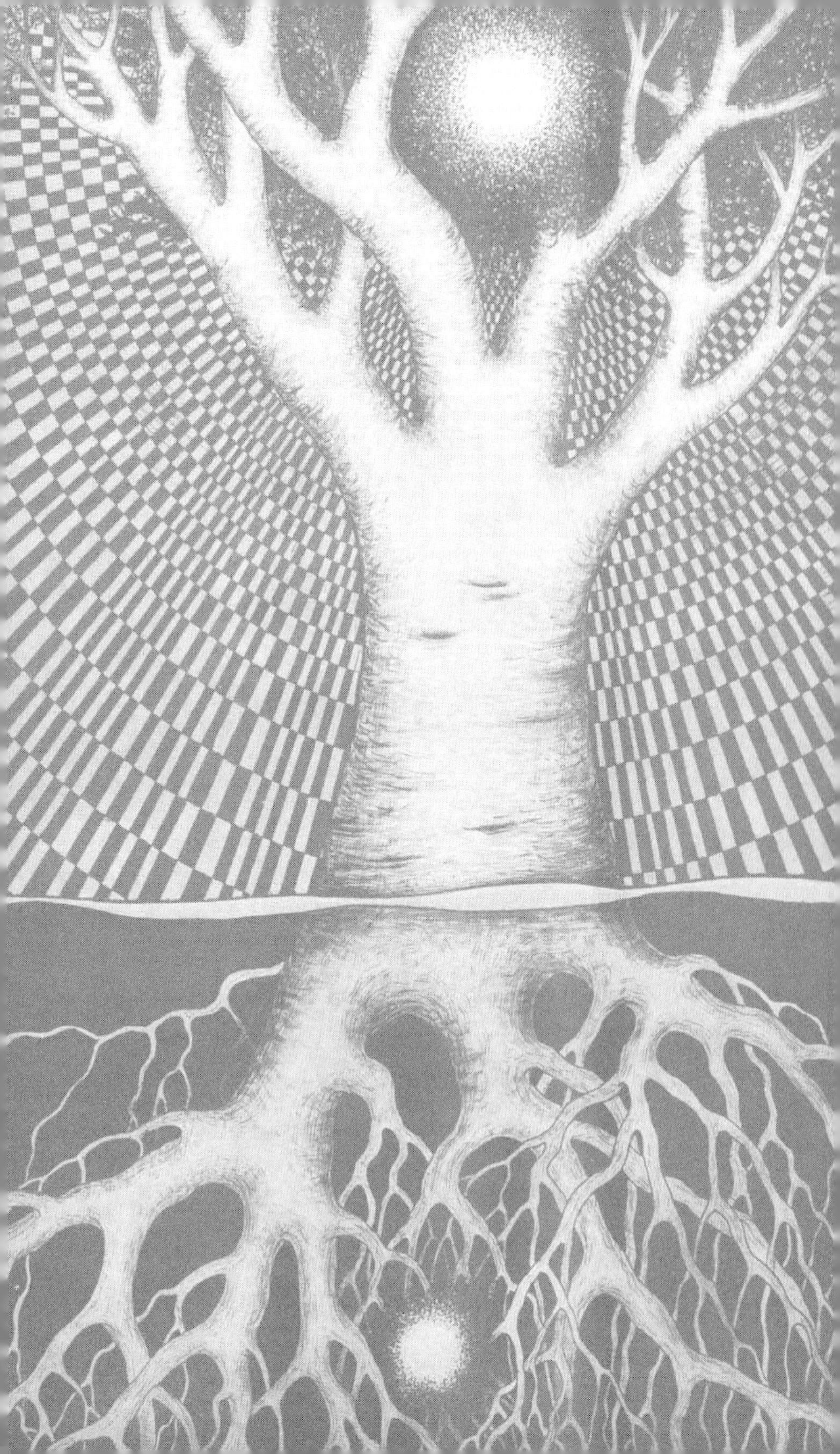

要相信灵魂，要相信蓝

跋

大卫

夜莺是不需要定语的

诗人分两种，一种是带定语的诗人，一种是不带定语，或者说不愿意带定语的诗人。

何谓带定语，打个比方，这是一只会唱歌的夜莺，会唱歌——定语也，如果加上一句特别会唱歌——则是定语的二次方了，如果再加上特别特别会唱歌甚至是红歌……则是定语的立方，四次方了。殊不知，夜莺是不需要定语的，因为唱歌是夜莺的本能，就像能白的云，能红的花，能绿的草，能发的芽，能流的水，能吹的风，能亮的星——这些，都是本能，诗人加再多的定语只能是他不自信的表现。

一切定语都是纸老虎。

向未是一个身份不明确的人，你说他是诗人，他又在吉祥山大兴土木，让鸟鸣在湛蓝的天空下滑行，让清风在常德的土地上俯冲，为了心中的佛，他把砖头，石头，木头，请进了吉祥山，他把白鹭的晨钟与喜鹊的暮鼓放进了字里行间。你说他是一位和尚吧，可他的诗何曾放过人间，何曾放过刻骨的父亲铭心的母亲，何曾放过闪电，雷霆，甚至不期而来的地震，比如那首博客上广受好评的写雅安地震的诗……

2013年4月20日早上8点2分我正在禅房打坐，
参悟何谓人间何谓生死何谓冷暖。
忽然头晕目眩，心海翻腾直想呕吐，

莫非我心脏出了问题抑或走火入魔？
我急掐人中，疼还分明停留在人中；
我急摸心脏，心一如既往地像秒针一样走着！
——哦，那就一定是地震了。一定
跟着，雅安的同参就来电话诉说一场噩梦……

这么静，比一段清凉的经文遇上风还静，
一只鸟的哽咽惊醒了众生的知觉……
残山剩水的疼痛趴在我怀里哭诉轮回之苦，
一个华丽的早上，断裂让人再次追悔莫及。
如果我的诗文不能慰藉大地之伤，
如果我的修行不能与众生一道了生脱死，
如果我的梵歌不能找到人生的出口，
那么我的这具臭皮囊就只不过是堆垃圾。
我长跪佛前，忏悔、祈祷、求佛……
如果有汶川那样的大地震，
就让我代替人与畜生先死十万次；
如果有雅安这样的断裂，
就让我在地狱先粉身碎骨。
世间万物，有果有因——
天为慈父，老天，众生如有得罪，我愿代为受过；
地为慈母，大地，子孙不孝，请惩罚我吧！
——《遭遇地震》

向未在红尘与白云间游走，他没有红尘之沉重也没有白云之飘逸，他活得本真，认真，天真，童真。通过多年的习佛，他把能省略都省略了，对于“断，舍，离”他做得坚决。

是啊，心不要贪大
只要能停留就好
再有一处可供哭泣的地方
便是人间天堂
——《人生在世》

显然，诗人或者僧人都不能准确命名向未，他的简单就是他的复杂，反之亦然。

在僧人，诗人，红尘，白云之间，向未是一个正在用文字给自己命名的人。在大众视野里，向未的诗正以一种脱俗的能力向俗世前进，他的笔，正如希尼一首诗的题目《挖掘》："在我手指和大拇指中间/ 一支粗壮的笔躺着，舒适自在像一支枪。"

我喜欢这首诗的细节与准确，比如要命的是这句"粗劣的靴子踩在铁铲上，长柄/ 贴着膝头的内侧有力地撬动"——我喜欢"贴着膝头的内侧有力地撬动"——诗写得如此不动声色而又精确，对于那些把诗写得越来越凌空蹈虚者，当是一记响亮的耳光。

这些年我信奉的一个诗歌观点是：朴素是最大的神性。画鬼容易画人难，把诗写得比白云还高是我们故有的传统，当我们表示看不懂的时候，某些诗人会打出一面名叫"妙不可言"的大旗，或者更是抬出"只可意会，不可言传"的句子当挡箭牌，我总感觉这两句话，在某些凌空舞蹈虚者那里，都快变成遮羞布了。

话题扯远了。回到定语这个大理石桌边来，沏一壶茶，品读向未的诗句，越读越觉得他是一个把诗歌当作面团来揉的人，像一个孩子，他把面团揉出天鹅的形状，月光的形状，天鹅在月光里一边飞行一边俯视人间的形状，哦，天鹅在飞行的时候，就是一只天鹅，也是不需要定语的，泰戈尔说，鸟儿的翅膀如果坠上黄金，将不能飞翔，那些定语再美，也是沉重的黄金，给你的飞翔带来束缚与累赘。

岂止是诗人不需要定语，诗也是，诗之为诗，有时就在于它的简洁，准确，纯粹，回到刚才那个话题，我喜欢希尼的《挖掘》一诗，喜欢它的客观与精准，同样的，向未的这首名为《乡村一景》的诗，也给我带来了阅读的欣悦：

秋收后的乡村冒起肥硕的炊烟
田野很幸福，有一种宽广叫知足
天空的蓝吸吮着稻谷晒干后的香
中午的阳光慈爱地放下镰刀、锄头、犁铧
一群没饭吃的少年捡拾田间遗漏的稻穗
他们光着的屁股翘上了天
屁股与脸蛋儿一样可爱。可爱至心疼
无数的鸟儿在他们屁股后面抢食
田野上的风收割后尽情地失落荒凉
他们在阳光下的舞蹈羞涩拘谨
田埂上的小牛缩着鼻子流着口水呼喊妈妈
天空面向田野低下来，低下来

你把我毁了，这对我有好处——杜拉斯

陆游说，诗穷而后工，我是这句话的强烈反对者，仿佛诗人得先是个穷光蛋，才能取得写好诗的资格——这么说有点让陆放翁委屈了，人家这话的本意我猜有可能是诗人只有穷尽了人间各种滋味，体验并掌握了诗的各种技巧才能把诗写好的意思。这正像王国维所说做学问的三种境界：从“昨夜西风凋碧树，独上高楼，望尽天涯路。”到“衣带渐宽终不悔，为伊消得人憔悴。”再到“众里寻他千百度，蓦然回首，那人却在灯火阑珊处。”

向未自小受的苦甚多，失父丧母，甚至是不公平的待遇，人间之冷暖在他诗里多有表现，但他可贵的是并没有仇视这个社会，相反，他是唱出这样含泪的歌吟：

在这里我将替换地藏王菩萨
代众生受尽最后的苦痛与折磨
我要看到众生一个个皆成佛以后
我才会耗空自己
——《祈愿》

这种舍身伺虎的精神，也是佛家所提倡的。诗穷而后工，用杜拉斯的话说，更一目了然而又触目惊心：你把我给毁了，这对我有好处。面对生活的艰辛与磨难，米斯特拉尔甚至发出这般喟叹：美即怜悯与安慰。而小说家，诗人卡佛更是把所谓的磨折束之高阁，他珍爱自己，疼惜自己的一首诗，让人欲泪：

这一生你得到了
你想要的吗，即使这样？
我得到了。那你想要什么？
叫我自己亲爱的，感觉自己
在这个世上被爱
——卡佛《最后的断片》

向未的诗，哀而不伤，哪怕尘世之寒让他打颤，他也如一盏旷野的灯，坚持用火焰发言。在他心灵的山坡上，你别指望长出悲观主义花朵。梭罗说，如果有一天我对一朵云说话，你不要感到吃惊。孤云独去闲，向未的心里有诗，有歌，有梭罗的云彩，有对尘世割舍不下的悲悯与爱，他的诗，可以像蘑菇一样撑开，仿佛童话里避雨的伞，一个受过生活伤害的人，他不但原谅了生活而且说：

“那么我就借住在众生的伤口吧/能为众生的疼不也是最大的福报吗？”（《借住众生的伤口》）

与其说这是一种悲悯，不如说这是一种气概。
前面说过，向未写过一首诗，给雅安地震的，同样的，谷川俊太郎也写过一首地震诗，《蚂蚁与蝴蝶》：

蚂蚁因它们的小而幸存
蝴蝶因它们的轻而没有受伤
优美的语言，也许能耐得住大地震

但此刻，我们还是谨言慎行
将心中沉默的金，献给压在废墟下的人们吧

谷川俊太郎还写过一首诗，这首诗我很喜欢，我愿意借助这次写跋的机会，送给向未，这首就叫《活着》——

六月的百合花让我活着
死去的鱼让我活着
被雨淋湿的狗崽
和那天的晚霞让我活着
活着
无法忘却的记忆让我活着
死神让我活着
活着
蓦然回首的一张脸让我活着……

活着本身就是一种坚强，向未的诗，屡屡让我感受到闪电与风暴的力量——

我的名字忍辱负重，早失去资格落红（《折叠的书页》）
我不能拆除世界/我只有拆除自己(《回忆开始以后》)
每个人都有深不见底的迷惘/每个人都有燃烧的心慌(《方向》)
“要相信灵魂，要相信蓝！”（《蓝》），这样的句子藏着才华、阅历，甚至是某种机锋与神秘，也只有阅读过人间这部精彩小说的人，才能在红尘的旁边用天鹅的羽毛笔写下这么有感觉的句子。

向未对人间的热爱，就是就通过这些掺杂了人间烟火的句子，让人一下子泪流满面。

如果死亡是黑
我愿此身是黑
像夜一样直立行走
——《这回，我要把我还给一个人》

作者系著名诗人，中国诗歌网总编辑

新出图证（鄂）字 03 号
图书在版编目（CIP）数据
回头者是谁 / 向未 著
武汉：长江文艺出版社，2014.8

ISBN 978-7-5354-4656-5

Ⅰ.回… Ⅱ.向… Ⅲ.诗集—中国—当代 Ⅳ. I227

中国版本图书馆 CIP 数据核字（2014）第 022310 号

策　　划：大　卫
责任编辑：沉　河　谈　骁　　　　责任校对：陈　琪
装帧设计：大卫书装　　　　　　　责任印制：左　怡　包秀洋

出版：长江出版传媒　长江文艺出版社
地址：武汉市雄楚大街 268 号　　　邮编：430070
发行：长江文艺出版社
电话：027—87679360
http://www.cjlap.com
印刷：三河市宏顺兴印刷有限公司

开本：640 毫米×970 毫米　1/16　　　印张：21.75　插页：2 页
版次：2014 年 8 月第 1 版　　　　2014 年 8 月第 1 次印刷
行数：5216 行

定价：35.00 元
